GS
리테일

인·적성검사(AI역량평가)

GS리테일
인·적성검사(AI역량평가)

초판 인쇄   2020년 4월 22일
2쇄 발행   2022년 2월 11일

편 저 자 | 취업적성연구소
발 행 처 | ㈜서원각
등록번호 | 1999-1A-107호
주   소 | 경기도 고양시 일산서구 덕산로 88-45(가좌동)
교재주문 | 031-923-2051
팩   스 | 031-923-3815
교재문의 | 카카오톡 플러스 친구[서원각]
영상문의 | 070-4233-2505
홈페이지 | www.goseowon.com
책임편집 | 정상민
디 자 인 | 이규희

이 책은 저작권법에 따라 보호받는 저작물로 무단 전재, 복제, 전송 행위를 금지합니다.
내용의 전부 또는 일부를 사용하려면 저작권자와 ㈜서원각의 서면 동의를 반드시 받아야 합니다.
▷ ISBN과 가격은 표지 뒷면에 있습니다.
▷ 파본은 구입하신 곳에서 교환해드립니다.

PREFACE

우리나라 기업들은 1960년대 이후 현재까지 비약적인 발전을 이루었다. 이렇게 급속한 성장을 이룰 수 있었던 배경에는 우리나라 국민들의 근면성 및 도전정신이 있었다. 그러나 빠르게 변화하는 세계 경제의 환경에 적응하기 위해서는 근면성과 도전정신 이외에 또 다른 성장 요인이 필요하다.

한국기업들이 지속가능한 성장을 하기 위해서는 혁신적인 제품 및 서비스 개발, 선도 기술을 위한 R&D, 새로운 비즈니스 모델 개발, 효율적인 기업의 합병·인수, 신사업 진출 및 새로운 시장 개발 등 다양한 대안을 구축해 볼 수 있다. 하지만, 이러한 대안들 역시 훌륭한 인적자원을 바탕으로 할 때에 가능하다. 최근으로 올수록 기업체들은 자신의 기업에 적합한 인재를 선발하기 위해 기존의 학벌 위주의 채용을 탈피하고 기업 고유의 인·적성검사 제도를 도입하고 있는 추세이다.

GS리테일에서도 업무에 필요한 역량 및 책임감과 적응력 등을 구비한 인재를 선발하기 위하여 고유의 인·적성검사를 치르고 있다. 본서는 GS리테일 채용대비를 위한 필독서로 GS리테일의 인·적성검사의 출제경향을 철저히 분석하여 응시자들이 보다 쉽게 시험유형을 파악하고 효율적으로 대비할 수 있도록 구성하였다.

신념을 가지고 도전하는 사람은 반드시 그 꿈을 이룰 수 있습니다. 처음에 품은 신념과 열정이 취업 성공의 그 날까지 빛바래지 않도록 서원각이 수험생 여러분을 응원합니다.

STRUCTURE

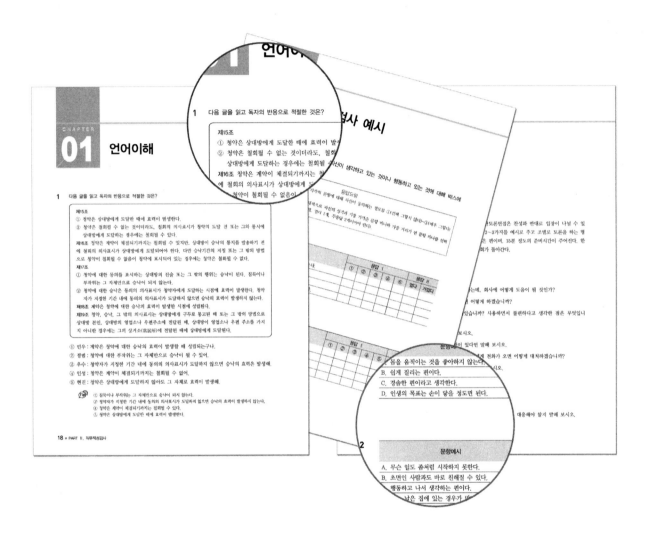

직무적성검사
각 영역별 다양한 유형의 출제예상문제를 다수 수록하여 실전에 완벽하게 대비할 수 있습니다.

상세한 해설
문제의 핵심을 꿰뚫는 명쾌하고 자세한 해설로 수험생들의 이해를 돕습니다.

인성검사 및 면접
인성검사의 개요와 실전 인성검사로 인성검사에 대비할 수 있습니다. 성공취업을 위한 면접의 기본과 면접기출을 수록하여 취업의 마무리까지 깔끔하게 책임집니다.

CONTENTS

PART I   **GS리테일 소개**

01 기업소개 ·· 8

02 채용안내 ·· 10

03 관련기사 ·· 14

PART II   **직무적성검사**

01 언어이해 ·· 18

02 언어추리 ·· 52

03 수리자료해석 ·· 72

04 공간지각 ·· 100

PART III   **인성검사**

01 인성검사 개요 ··· 132

02 인성검사 예시 ··· 150

PART IV   **면접**

01 면접의 기본 ·· 162

02 면접기출 ·· 178

PART

I

GS리테일 소개

01 기업소개

02 채용안내

03 관련기사

CHAPTER 01 기업소개

(1) 경영이념 및 비전

① 경영이념 … 고객과 함께 내일을 꿈꾸며 새로운 삶의 가치를 창조한다.

② GS리테일 비전

"끊임없는 도전으로 고객의 라이프이노베이션을 선도하는 GS리테일"

고객 Customers	도전 · 선도 Challenge & Leading	데이터/사실 기반 Date & Fact-Based

(2) GS리테일 직무수행DNA & 조직가치

② 직무수행DNA

ㄱ 고객에 대한 집착 : 모든 업무 및 의사결정 과정에서 철저히 고객의 입장을 생각하고 대변합니다.

ㄴ 주인의식 : 회사의 주인이라는 생각으로 회사 전체를 위해 행동합니다.

ㄷ 혁신/단순화 : 모든 분야를 혁신하고, 단순화하여 효율적으로 실행합니다.

ㄹ 정확하고 옳은 판단력 : 사실에 기반하여 객관적으로 판단하고, 구체적 목표를 세워 업무를 추진합니다.

ㅁ 최고 기준에 대한 집념 : 최고 수준의 상품 / 서비스를 제공하기 위해 스스로 더 높은 기준을 설정합니다.

ㅂ 크게 생각하기 : 지속 성장을 위해 장기적 관점에서 크게 생각하고 행동합니다.

ㅅ 신속한 판단과 실행력 : 주어진 상황에 대하여 신속히 판단하고 실행합니다.

ㅇ 낭비 제거 : 가치 창출과 고객을 위해서만 비용을 사용합니다.

ㅈ 신뢰구축 : 신뢰를 얻기 위해 정직하게 행동하고 고객을 존중합니다.

ㅊ 깊게 파고들기 : 문제의 근본원인을 찾고, 처음부터 끝까지 디테일 하게 업무를 처리합니다.

ㅋ 소신을 갖고 주장 : 옳다고 생각하는 것에 대해 당당히 주장하고, 상대의 옳은 주장은 기꺼이 받아들입니다.

ㅌ 성과 창출 : 계획된 목표는 반드시 성과로 창출합니다.

② 조직가치 4F

4F	내용
Fair. 올바른	진실된 생각과 올바른 행동을 합니다.
Fresh. 신선한	항상 새로움을 추구하며 최고를 지향합니다.
Friendly. 친근한	모두에게 진심어린 애정과 관심으로 배려합니다.
Fun. 즐거운	즐겁게 일하고 서로에게 기쁨을 줍니다.

(3) 브랜드

① GS25 ··· Lifestyle Platform GS25

② GS THE FRESH ··· 신선한 행복을 주는 브랜드

③ 랄라블라 ··· 건강한 아름다움을 만나는 가장 즐거운 방법

④ GS Fresh Mall ··· 신선함과 맛을 보장하는 인터넷 식품 쇼핑몰 NO.1

⑤ 파르나스호텔 ··· 고객과 함께 성장하는 글로벌 호텔, 컨벤션홀 및 임대사업 브랜드

⑥ 우리동네 딜리버리 ··· 언제 어디서나 산책하며 돈버는 즐거움

⑦ GS파크24 ··· Parking-Life Connected Platform

⑧ 유어스 ··· 좋은품질, 좋은가격 PB상품 브랜드

⑨ 브레디크 ··· 가장 가까운 곳에서 만나는 맛있는 빵

⑩ 심플리쿡 ··· 준비는 저희가 할 테니, 당신은 셰프가 되세요

CHAPTER 02

채용안내

(1) 인재상

"진심어린 서비스와 창의적인 사고로 고객에게 사랑받는 최고의 전문가"

• 확고한 서비스 정신으로 고객에게 최상의 서비스를 제공하는 사람

• 즐겁게 일하면서 창의적인 사고를 하는 사람

• 분야 최고의 전문가로 고객에게 신뢰를 주고 사랑을 받는 사람

(2) 채용절차

① 신입채용

지원서 접수	서류전형	인·적성검사	1,2차 면접전형	건강검진	최종합격

ⓐ 지원서 접수
- 신입 채용 지원자는 정해진 기간에 채용 홈페이지에 접속하여 온라인 입사지원서를 작성합니다.
- 단, GS리테일 및 자회사의 진행중인 채용공고 간 중복지원은 불가합니다.
  (GS그룹의 타 계열사와의 중복지원은 가능합니다.)

ⓑ 서류전형 : 입사지원서 내 지원자의 이력과 자기소개서 등 기재된 내용을 바탕으로, 지원자가 지원한 직무와 GS리테일의 인재상에 부합하는 인재인지를 종합적으로 검증합니다.

ⓒ 인·적성검사(AI역량검사)
- 뇌 과학 기반의 온라인 AI역량검사를 통해 지원자의 직무 적합성과 성장 가능성을 종합적으로 평가합니다.
- 경우에 따라 오프라인 직무적성검사와 병행하거나 대체할 수 있습니다.

② 면접전형

- 1차면접(실무면접)
- 지원자의 실제 업무 수행능력과 열정, 역량을 종합적으로 평가합니다.

PT면접	• 개인 별 프레젠테이션을 통해 지원자의 GS리테일에 대한 비전과 전문성을 검증합니다. • 유통 및 시사와 관련된 주제가 출제되며, 지원자는 본인의 경험과 아이디어를 바탕으로 발표 자료를 제작하여 해당 분야 실무 담당자 앞에서 프레젠테이션을 진행합니다.
역량면접	• 자기소개서에 기재된 지원자의 경험을 기반으로 지원자의 인성과 성장 잠재력, 직무 수행 역량 등을 다각적으로 검증합니다.

- 2차면접(최종면접)
- 지원자가 지원한 직무와 조직에 적합한 인재인지를 최종적으로 판단합니다.

⑩ 건강검진

- 지원자가 업무를 수행할 수 있는 건강한 상태인지 검진합니다.

ⓑ 최종합격

- 모든 전형에 합격한 지원자는 GS리테일의 신입사원으로 입사하게 됩니다. Welcome!

② 인턴채용

지원서 접수	서류전형	인·적성검사	1차 면접/ 건강검진	인턴십	2차면접/ 최종합격

㉠ 지원서 접수

- 신입 채용 지원자는 정해진 기간에 채용 홈페이지에 접속하여 온라인 입사지원서를 작성합니다.
- 단, GS리테일 및 자회사의 진행중인 채용공고 간 중복지원은 불가합니다.
  (GS그룹의 타 계열사와의 중복지원은 가능합니다.)

㉡ 서류전형

- 입사지원서 내 지원자의 이력과 자기소개서 등 기재된 내용을 바탕으로, 지원자가 지원한 직무와 GS리테일의 인재상에 부합하는 인재인지를 종합적으로 검증합니다.

㉢ 인·적성검사(AI역량검사)

- 뇌 과학 기반의 온라인 AI역량검사를 통해 지원자의 직무 적합성과 성장 가능성을 종합적으로 평가합니다.
- 또는, 경우에 따라 오프라인 직무적성검사와 병행하거나 대체할 수 있습니다.

ⓔ 1차면접(실무면접) : 지원자의 실제 업무 수행능력과 열정, 역량을 종합적으로 평가합니다.

PT면접	• 개인 별 프레젠테이션을 통해 지원자의 GS리테일에 대한 비전과 전문성을 검증합니다. • 유통 및 시사와 관련된 주제가 출제되며, 지원자는 본인의 경험과 아이디어를 바탕으로 발표 자료를 제작하여 해당 분야 실무 담당자 앞에서 프레젠테이션을 진행합니다.
역량면접	• 자기소개서에 기재된 지원자의 경험을 기반으로 지원자의 인성과 성장 잠재력, 직무 수행 역량 등을 다각적으로 검증합니다.

ⓜ 건강검진
- 지원자가 업무를 수행할 수 있는 건강한 상태인지 검진합니다.

ⓗ 인턴십
- 지원자의 성장 잠재력과 역량을 검증하는 기간에 해당하며, 사업부 별로 직무역량 강화를 위한 교육 프로그램과 현장 체험 근무(OJT)가 진행됩니다.
- 인턴십 기간
- 편의점사업부/ 본부 지원부서 : 8주
- 수퍼사업부/ H&B사업부문 : 3개월

ⓢ 2차면접(임원면접)
- 인턴십 기간 동안 종합적으로 평가한 지원자의 업무 수행 역량과 조직 적응력, 발전 가능성과 잠재력을 바탕으로, 향후에도 GS리테일과 함께 할 수 있는 인재인지를 최종 판단합니다.

ⓞ 최종합격
- 모든 전형에 합격한 지원자는 GS리테일의 신입사원으로 입사하게 됩니다. Welcome!

③ 경력채용

지원서 접수	서류전형	1·2차 면접전형	건강검진	최종합격

㉠ 지원서 접수
- 경력 채용 지원자는 정해진 기간에 채용 홈페이지에 접속하여 온라인 입사지원서를 작성합니다.
- 단, GS리테일 및 자회사의 진행중인 채용공고 간 중복지원은 불가합니다. (GS그룹의 타 계열사와의 중복지원은 가능합니다.)

㉡ 서류전형
- 입사지원서 내 지원자의 경력사항과 자기소개서 등 기재된 내용을 바탕으로, 지원자가 지원한 직무와 GS리테일의 인재상에 부합하는 인재인지를 종합적으로 검증합니다.
- 직무 별로 필요에 따라 지원서 외 포트폴리오 등 자료 제출을 요청 드릴 수 있습니다.

ⓒ 면접전형
- 1차면접(실무면접)
  - 입사지원서에 기재된 경력사항과 자기소개서 등을 바탕으로 지원자의 실제 업무 수행능력과 열정, 역량을 검증합니다.
- 2차면접(최종면접)
  - 지원자가 지원한 직무와 조직에 적합한 인재인지를 최종적으로 판단합니다.
  - 면접 합격 시 GS리테일 근무 조건에 대한 협의를 진행합니다.

ⓔ 건강검진
- 지원자가 업무를 수행할 수 있는 건강한 상태인지 검진합니다.

ⓜ 최종합격
- 모든 전형에 합격한 지원자는 GS리테일에 입사하게 됩니다. Welcome!

관련기사

GS25의 '맛있성(Castle)' 메타버스 제페토에 오픈

MZ세대와의 커뮤니케이션과 마케팅 효과 기대

편의점 GS25 지난 15일, GS25 맛있성 삼김이 왕자 줄여서 GS25 맛있성을 메타버스 플랫폼 제페토에서 오픈한다고 밝히었다. GS25 맛있성은 성(Castle)를 테마로 한 GS25의 전용 맵이다.

고객 차별화 체험을 제공하며 MZ세대와의 소통을 보강하기 위해 GS25는 10~20대를 중심으로 제페토 이용의 증가 및 인가가 올라가는 상황을 발맞춰 이와 같은 맵을 선보여지게 됐다.

회사 차원에서는 신규 마케팅 효과 및 브랜드의 친밀도도 증가시킬수 있을 것으로 예상되어 지고 있다.

제페토 이용자라면 아무나 'GS25 맛있성' 접속을 할 수 있으며 본인의 아바타를 통해 입장이 가능하다. 내부의 경우 GS25를 연상시킬 수 있도록 공유주방, 편의점, 카페 등 다양한 장소의 콘텐츠를 구현하였으며, 이용자들이 재미있게 즐기 수 있도록 미로게임이나 점프게임과 같은 놀이 공간 역시 마련이 돼있다.

GS25는 이벤트, 행사, 신상품 등 실제 홍보물등을 맵 여러곳에 배치하여 온·오프라인 고객들 간에 상호적인 소통과 연결을 할 수 있도록 진행할 계획이다.

GS리테일 메타버스전략TFT팀장은 "앞으로도 온·오프라인 시너지 효과를 만들어내고, MZ세대와의 소통을 강화시키기 위하여 여러 메타버스 플랫폼들과 연동할 것"이라고 말하였다.

2021. 12. 15.

면접질문

- '맛있성(Castle)'에 대하여 아는 대로 설명해 보시오
- 메타버스의 인가가 증가함에 따라 메타버스를 이용한 적절한 마케팅전략이 있으면 설명해보시오

GS샵, 모바일 라이브커머스 '샤피라이브'를 통한 인기 급증

GS샵은 지난 18일, 마케팅 및 독자 기술을 바탕으로 진행한 모바일 라이브커머스 '샤피라이브'가 큰 인기를 받고 있다고 밝히었다.

샤피라이브는 GS샵에 의하면 지난해 4월에 개편을 하였으며 이전 대비를 한 결과 지난해 5월부터 12월까지의 주문액에 비해 지난 말 기준 주문액은 8배 이상 증가한 약 550억원을 기록하였다고 한다. 샤피라이브는 평일 하루 기준 2회에서 13회까지 방송 횟수를 늘리면서 공격적인 마케팅을 시작해왔다. 그 결과 고객과의 상호작용이 강화되었으며 이는 모바일 라이브커머스에 특성에 잘 맞는 성과를 이루었다. 샤피라이브 생방송은 1회 방송당 고객들의 채팅 횟수는 기존의 최소 50건으로 시작하여 최근에는 700건까지 약 1300%가 증가하였으며 시청자는 최대 8만명을 달성하였다고 한다.

최근 들어서는 생방송 지연속도를 GS네오텍과의 협업을 통해 1초대로 감소시킨 기술을 개발하여 이를 적용시켰다. 또한 샤피라이브는 비밀코드를 생방송을 통해 깜짝 제공하였으며 이는 생방송을 보는 고객들에게만 제공하고 있다. 비밀코드를 응모하는 페이지에 입력을 한 다음 구매를 완료하면, 명품과 같이 스페셜 경품에 자동으로 응모가 된다. 지난해 10월에 처음으로 시작한 이 비밀코드는 시청자가 2배 이상 올라간 성과를 보였다.

GS리테일 관계자는 "GS샵 샤피라이브는 라이브커머스 방송이 넘쳐나고 있는 상황에서 마케팅, 방송 기술과 전문가와의 협동으로 진화하고 있다"라며 "고객들이 쇼핑에 있어 새로운 경험을 가질 수 있도록 앞으로도 큰 성장을 일궈 나갈 것"이라고 말하였다.

2022. 01. 18.

면접질문

- '샤피라이브'와 같이 고객들을 대상으로 한 실현가능성이 있는 마케팅전략이 있다면 설명해보시오.
- 라이브커머스 통하여 고객들에게 효과적인 정보를 제공할 수 있는 컨텐츠가 있다면 설명해보시오.

PART

II

직무적성검사

01 언어이해

02 언어추리

03 수리자료해석

04 공간지각

언어이해

1 다음 글을 읽고 독자의 반응으로 적절한 것은?

> 제15조
> ① 청약은 상대방에게 도달한 때에 효력이 발생한다.
> ② 청약은 철회될 수 없는 것이더라도, 철회의 의사표시가 청약의 도달 전 또는 그와 동시에 상대방에게 도달하는 경우에는 철회될 수 있다.
> 제16조 청약은 계약이 체결되기까지는 철회될 수 있지만, 상대방이 승낙의 통지를 발송하기 전에 철회의 의사표시가 상대방에게 도달되어야 한다. 다만 승낙기간의 지정 또는 그 밖의 방법으로 청약이 철회될 수 없음이 청약에 표시되어 있는 경우에는 청약은 철회될 수 없다.
> 제17조
> ① 청약에 대한 동의를 표시하는 상대방의 진술 또는 그 밖의 행위는 승낙이 된다. 침묵이나 부작위는 그 자체만으로 승낙이 되지 않는다.
> ② 청약에 대한 승낙은 동의의 의사표시가 청약자에게 도달하는 시점에 효력이 발생한다. 청약자가 지정한 기간 내에 동의의 의사표시가 도달하지 않으면 승낙의 효력이 발생하지 않는다.
> 제18조 계약은 청약에 대한 승낙의 효력이 발생한 시점에 성립된다.
> 제19조 청약, 승낙, 그 밖의 의사표시는 상대방에게 구두로 통고된 때 또는 그 밖의 방법으로 상대방 본인, 상대방의 영업소나 우편주소에 전달된 때, 상대방이 영업소나 우편 주소를 가지지 아니한 경우에는 그의 상거소(常居所)에 전달된 때에 상대방에게 도달된다.

① 민우 : 계약은 청약에 대한 승낙의 효력이 발생할 때 성립되는구나.
② 정범 : 청약에 대한 부작위는 그 자체만으로 승낙이 될 수 있어.
③ 우수 : 청약자가 지정한 기간 내에 동의의 의사표시가 도달하지 않으면 승낙의 효력은 발생해.
④ 인성 : 청약은 계약이 체결되기까지는 철회될 수 없어.
⑤ 현진 : 청약은 상대방에게 도달하지 않아도 그 자체로 효력이 발생해.

 ② 침묵이나 부작위는 그 자체만으로 승낙이 되지 않는다.
③ 청약자가 지정한 기간 내에 동의의 의사표시가 도달하지 않으면 승낙의 효력이 발생하지 않는다.
④ 청약은 계약이 체결되기까지는 철회될 수 있다.
⑤ 청약은 상대방에게 도달한 때에 효력이 발생한다.

2 다음 글을 읽고 알 수 있는 내용이 아닌 것은?

> 사회 네트워크란 '사람들이 연결되어 있는 관계망'을 의미한다. '중심성'은 한 행위자가 전체 네트워크에서 중심에 위치하는 정도를 표현하는 지표이다. 중심성을 측정하는 방법에는 여러 가지가 있는데, 대표적인 것으로 '연결정도 중심성'과 '근접 중심성'의 두 가지 유형이 있다.
>
> '연결정도 중심성'은 사회 네트워크 내의 행위자와 직접적으로 연결되는 다른 행위자 수의 합으로 얻어진다. 이는 한 행위자가 다른 행위자들과 얼마만큼 관계를 맺고 있는가를 통하여 그 행위자가 사회 네트워크에서 중심에 위치하는 정도를 측정하는 것이다.
>
> '근접 중심성'은 사회 네트워크에서의 두 행위자 간의 거리를 강조한다. 사회 네트워크상의 다른 행위자들과 가까운 위치에 있다면 그들과 쉽게 관계를 맺을 수 있고 따라서 그만큼 중심적인 역할을 담당한다고 간주한다. 연결정도 중심성과는 달리 근접 중심성은 네트워크 내에서 직·간접적으로 연결되는 모든 행위자들과의 최단거리의 합의 역수로 정의된다. 이때 직접 연결된 두 점의 거리는 1이다.

① 근접 중심성은 네트워크 내에서 연결되는 모든 행위자들과의 최단거리의 합의 역수로 정의된다.
② 중심성은 한 행위자가 전체 네트워크에서 중심에 위치하는 정도를 표현하는 지표이다.
③ 사회 네트워크상의 다른 행위자들과 먼 위치에 있다면 그들과 쉽게 관계를 맺을 수 있다.
④ 중심성을 측정하는 방법에는 대표적인 것으로 연결정도 중심성과 근접 중심성이 있다.
⑤ 한 행위자가 다른 행위자들과 얼마만큼 관계를 맺고 있는가를 통하여 그 행위자가 사회 네트워크에서 중심에 위치하는 정도를 측정하는 것은 연결정도 중심성이다.

 ③ 사회 네트워크상의 다른 행위자들과 가까운 위치에 있다면 그들과 쉽게 관계를 맺을 수 있다.

Answer⟶ 1.① 2.③

3 다음 사례에 어울리는 속담으로 적절한 것은?

> 지선이는 평범하고 눈에 띄지 않는 외모를 가졌다. 그런 이미지 때문인지 말도 잘 못하고 활동적이지 않을 것 같았지만 이번 행사를 통해 지선이를 다시 보게 되었다. 그녀는 MC로서 고객들의 시선을 즐기며 전시장의 분위기를 주도하고 있었다. 또한 논리적으로 상품을 설명하여 듣는이가 쉽게 이해할 수 있도록 하는 모습에 반전 매력을 느꼈다.

① 떡 본 김에 제사 지낸다.
② 뚝배기보다 장맛이 좋다.
③ 무쇠도 갈면 바늘 된다.
④ 아니 땐 굴뚝에 연기 날까.
⑤ 바늘 도둑이 소도둑 된다.

 ② 겉모양은 보잘것없으나 내용은 훨씬 훌륭함을 이르는 말
① 우연히 운 좋은 기회에, 하려던 일을 해치운다는 말
③ 꾸준히 노력하면 어떤 어려운 일이라도 이룰 수 있다는 말
④ 원인이 없으면 결과가 있을 수 없음을 비유적으로 이르는 말
⑤ 작은 나쁜 짓도 자꾸 하게 되면 큰 죄를 저지르게 됨을 비유적으로 이르는 말

4 다음 글에 이어질 내용으로 적절한 것은?

> 유물(遺物)을 등록하기 위해서는 명칭을 붙인다. 이 때 유물의 전반적인 내용을 알 수 있도록 하는 것이 바람직하다. 따라서 명칭에는 그 유물의 재료나 물질, 제작기법, 문양, 형태가 나타난다. 예를 들어 도자기에 청자상감운학문매병(靑瓷象嵌雲鶴文梅甁)이라는 명칭이 붙여졌다면, '청자'는 재료를, '상감'은 제작기법을, '운학문'은 문양을, '매병'은 그 형태를 각각 나타낸 것이다. 이러한 방식으로 다른 유물에 대해서도 명칭을 붙이게 된다.
>
> 유물의 수량은 점(點)으로 계산한다. 작은 화살촉도 한 점이고 커다란 철불(鐵佛)도 한 점으로 처리한다. 유물의 파편이 여럿인 경우에는 일괄(一括)이라 이름 붙여 한 점으로 계산하면 된다. 귀걸이와 같이 쌍(雙)으로 된 것은 한 쌍으로 하고, 하나인 경우에는 한 짝으로 하여 한 점으로 계산한다. 귀걸이 한 쌍은, 먼저 그 유물번호를 적고 그 뒤에 각각 (2−1), (2−2)로 적는다. 뚜껑이 있는 도자기나 토기도 한 점으로 계산하되, 번호를 매길 때는 귀걸이의 예와 같이 하면 된다.
>
> 유물을 등록할 때는 그 상태를 잘 기록해 둔다. 보존 상태가 완전한 경우도 많지만, 일부가 손상된 유물도 많다.

① 예를 들어 유물의 명칭에 유물의 전반적인 내용을 알 수 있도록 하는 것이 바람직하다.
② 예를 들어 화살촉도 한 점이고 커다란 철불도 한 점으로 처리한다.
③ 예를 들어 귀걸이와 같이 쌍으로 된 것은 한 쌍으로 한다.
④ 예를 들어 유물의 어느 부분이 부서지거나 깨졌지만 그 파편이 남아 있는 상태를 파손(破損)이라고 한다.
⑤ 예를 들어 청자상감운학은 그 명칭에서 재료나 물질, 형태가 나타난다.

 위 글의 마지막 문단의 '일부가 손상된 유물도 많다'와 자연스럽게 이어지려면 ④가 가장 적절하다.

5 다음 빈칸에 들어갈 접속사로 적절한 것은?

천지는 사사로움이 없고, 귀신은 은밀히 움직이므로 복(福)·선(善)·화(禍)·음(淫)은 오로지 공정할 뿐이다. 사람 중에 악한 자가 있어 거짓으로 섬겨서 복을 구한다면, 그것으로 복되다고 할 수 있겠는가? 사람 중에 선한 자가 있어서 사설(邪說)에 미혹되지 않고 거짓으로 제사를 지내는 것이 아니라면, 그것이 화가 될 수 있겠는가? 일찍이 말하기를 천지귀신에게 음식으로써 아첨한다고, 사람에게 화복을 내리겠는가? 만세에 이런 이치는 없다. 사(士)와 서인(庶人)이 산천에 제사를 지내는 것은 예(禮)가 아니고, 예(禮)에 해당되지 않는 제사를 지내는 것은 곧 음사(淫祀)다. 음사로써 복을 얻은 자를 나는 아직 보지 못하였다. 너희 사람들은 귀신을 아주 좋아하여 산택천수(山澤川藪)에 모두 신사(神祠)를 만들었다. 광양당(廣陽堂)에서는 아침저녁으로 공경히 제사를 지내어 지극하지 않은 바가 없으며, 그것으로 바다를 건널 때에도 마땅히 표류하여 침몰하는 우환이 없도록 한다. _____ 오늘 어떤 배가 표류하고 내일 어떤 배가 침몰하여, 표류하고 침몰하는 배가 서로 끊이지 않으니, 이것으로 과연 신(神)에게 영험함이 있다고 하겠는가? 제사로 복을 받을 수 있다고 하겠는가? 이 배의 표류는 오로지 행장(行裝)이 뒤바뀐 것과 바람을 기다리지 않았기 때문이다. 하늘에 제사하는 것은 제후(諸侯)의 일이고 사(士), 서인(庶人)은 다만 조상에게만 제사할 뿐이다. 조금이라도 그 분수를 넘으면 예가 아니다. 예가 아닌 제사는 사람이 아첨하는 것이므로 신(神)도 이를 받아들이지 않는다.

① 그리고

② 즉

③ 왜냐하면

④ 그래서

⑤ 그러나

 빈칸 앞의 내용은 '광양당에서 제사를 지내어 바다를 건널 때에도 침몰하는 우환이 없다'라고 하였지만 빈칸 뒤의 내용은 '배가 표류하고 침몰하여 과연 신에게 영험함이 있다고 하겠는가?'라고 반문하였다. 따라서 앞의 내용과 뒤의 내용이 상반될 때 쓰는 접속사인 '그러나'가 적절하다.

6 다음 중 보기의 문장이 들어갈 위치로 올바른 것은?

> 제31조 중앙선거관리위원회는 비례대표 국회의원 선거에서 유효투표 총수의 100분의 3 이상을 득표하였거나 지역구 국회의원 총선거에서 5석 이상의 의석을 차지한 각 정당에 대하여 당해 의석할당정당이 비례대표 국회의원 선거에서 얻은 득표비율에 따라 비례대표 국회의원 의석을 배분한다. ㈎
>
> 제32조 정당이 다음 각 호의 어느 하나에 해당하는 때에는 당해 선거관리위원회는 그 등록을 취소한다. ㈏
>
> 제33조
> ① 의원이 의장으로 당선된 때에는 당선된 다음날부터 그 직에 있는 동안은 당적을 가질 수 없다. 다만 국회의원 총선거에 있어서 공직선거법에 의한 정당추천 후보자로 추천을 받고자 하는 경우에는 의원 임기만료일 전 90일부터 당적을 가질 수 있다. ㈐
> ② 제1항 본문의 규정에 의하여 당적을 이탈한 의장이 그 임기를 만료한 때에는 당적을 이탈할 당시의 소속 정당으로 복귀한다. ㈑
>
> 제34조 비례대표 국회의원 또는 비례대표 지방의회의원이 소속 정당의 합당·해산 또는 제명 외의 사유로 당적을 이탈·변경하거나 2 이상의 당적을 가지고 있는 때에는 퇴직된다. 다만 비례대표 국회의원이 국회의장으로 당선되어 당적을 이탈한 경우에는 그러하지 아니하다. ㈒

> 〈보기〉
> 1. 최근 4년간 임기만료에 의한 국회의원 선거 또는 임기만료에 의한 지방자치단체의 장(長) 선거나 시·도의회 의원 선거에 참여하지 아니한 때
> 2. 임기만료에 의한 국회의원 선거에 참여하여 의석을 얻지 못하고 유효투표 총수의 100분의 2 이상을 득표하지 못한 때

① ㈎   ② ㈏
③ ㈐   ④ ㈑
⑤ ㈒

 제32조의 내용 '정당이 다음 각 호의 어느 하나에 해당하는 때에는 당해 선거관리위원회는 그 등록을 취소한다'를 설명해 줄 '각 호'에 대한 내용이 없으므로 보기는 ㈏에 들어가야 적절하다.

Answer ↪ 5.⑤ 6.②

7 다음 글을 읽고 알 수 있는 내용은?

영조 14년 안동에 거주하는 몇몇이 주동이 되어 노론이 내세우는 상징적 인물인 김상헌을 제향(祭享)하는 서원을 창건하려 하자, 다수의 남인과 사림이 이에 반대하여 커다란 분쟁이 일었다.

그 후 노론의 유척기는 영남감사로 부임하자 남인의 반발에도 불구하고 서원건립을 추진하여 건물이 준공되기에 이르렀다. 이에 안동좌수를 비롯한 안동 내 남인출신들이 관령(官令)의 제지를 무릅쓰고 서원을 훼파(毀破)하였다.

이에 대해 노론의 온건파를 대표하던 박사수는 김상헌 서원의 건립 필요성에서부터 훼원(毁院)에 이르기까지의 전말을 소상하게 보고하면서, 선정(先正)을 욕보이고 관장(官長)을 능멸하여 관령에 항거한 난민(亂民)으로 훼원유생을 규정하고 이러한 난민의 무리를 엄벌해야 한다고 하였다.

반면, 소론인 박문수는 서원창건 문제가 유림의 의론(議論)에 따라 좌우되는 일반적 경향에 비추어 볼 때 대다수 안동사림의 반대를 무릅쓴 김상헌 서원의 건립이 잘못된 것이라 하였다. 서원을 근거로 해서 전통적인 명문을 압박하고 남인당론을 강제로 바꾸게 하려는 목적으로 서원건립을 추진했기에 안동 유생과의 사이에 분쟁이 일어나지 않을 수 없었으므로, 훼원이 방자한 행위이기는 하나 온건한 처벌에 그쳐야 하며, 영남인의 불만이 이를 계기로 변란으로 확대되지 않도록 해야 한다고 주장하였다.

박사수와 박문수의 이러한 의견대립이 일어나자 평소 노소론 간의 당쟁에 중도적 자세를 견지하고 있던 탕평파의 안인명은 안동서원의 분쟁이 향전(鄕戰)에 불과할 따름이므로 조정에서 간여할 문제가 아닌데도 감사가 이를 잘 처리하지 못하여 조정에까지 시끄럽게 하고 체통마저 손상시켰으므로 이들을 파직시키고, 명색이 선비라고 하면서 선정을 제향하는 서원을 허물었으니 이 또한 처벌하여야 하며, 안동에 김상헌의 서원이 없을 수 없으므로 서원을 개건(改建)할 것을 청하였다.

이에 대해 영조는 멋대로 서원건립을 허가하고, 향촌을 제대로 다스리지 못했다는 이유로 감사를 파직하고, 훼원유생을 엄벌하되 주동자에 국한시켰으며, 서원개건의 문제에 대해서는 언급하지 않음으로써 이를 묵살하였다.

① 노론의 유척기는 영남감사로 부임 후 서원건립을 추진하였다.

② 안인명은 안동서원의 분쟁이 향전에 불과하지만 조정에서 간여하여 해결할 문제로 보았다.

③ 박문수는 서원창건 문제가 유림의 의론(議論)에 따라 좌우되는 일반적 경향에 비추어 볼 때 대다수 안동사림의 찬성을 무릅쓴 김상헌 서원의 건립이 옳은 일이라 하였다.

④ 박문수는 서원창건 문제로 인해 영남인의 불만이 이를 계기로 변란으로 확대되도록 해야 한다고 주장하였다.

⑤ 박사수는 관령에 항거한 난민(亂民)으로 훼원유생을 규정하였지만 이러한 난민의 무리를 처벌하는 것은 도리에 맞지 않다고 하였다.

② 안인명은 안동서원의 분쟁이 향전(鄕戰)에 불과할 따름이므로 조정에서 간여할 문제가 아닌데도 감사가 이를 잘 처리하지 못하여 조정에까지 시끄럽게 하고 체통마저 손상시켰으므로 이들을 파직시켜야 한다고 청하였다.

③ 박문수는 서원창건 문제가 유림의 의론(議論)에 따라 좌우되는 일반적 경향에 비추어 볼 때 대다수 안동사림의 반대를 무릅쓴 김상헌 서원의 건립이 잘못된 것이라 하였다.

④ 훼원이 방자한 행위이기는 하나 온건한 처벌에 그쳐야 하며, 영남인의 불만이 이를 계기로 변란으로 확대되지 않도록 해야 한다고 주장하였다.

⑤ 박사수는 김상헌 서원의 건립 필요성에서부터 훼원(毀院)에 이르기까지의 전말을 소상하게 보고하면서, 선정(先正)을 욕보이고 관장(官長)을 능멸하여 관령에 항거한 난민(亂民)으로 훼원유생을 규정하고 이러한 난민의 무리를 엄벌해야 한다고 하였다.

Answer 7.①

8 다음 내용을 순서에 맞게 배열한 것은?

> (가) 다만 이 원칙을 관철하면 후순위저당권자 등에게 불공평한 결과가 생길 수 있으므로, 공동저당권의 목적물인 부동산 전부를 경매하여 그 매각 대금을 동시에 배당하는 때에는 공동저당권자의 채권액을 각 부동산의 매각대금(경매대가)의 비율로 나누어 그 채권의 분담을 정한다.
>
> (나) 따라서 각 부동산에 관하여 그 비례안분액(比例安分額)을 초과하는 부분은 후순위저당권자에게 배당되고, 후순위저당권자가 없는 경우에 소유자에게 배당된다.
>
> (다) 저당권이란 채무자 또는 제3자가 채권의 담보로 제공한 부동산 기타 목적물을 담보제공자의 사용·수익에 맡겨두고, 채무변제가 없을 때에 그 목적물의 가액으로부터 우선 변제를 받을 수 있는 담보 물권을 말한다.
>
> (라) 채무자가 변제기에 변제하지 않으면 저당권자는 저당목적물을 현금화하여 그 대금으로부터 다른 채권자에 우선하여 변제를 받을 수 있다.
>
> (마) 한편 공동저당이란 동일한 채권을 담보하기 위하여 수 개의 부동산 위에 저당권을 설정하는 것을 말한다. 공동저당권자는 임의로 어느 저당목적물을 선택하여 채권의 전부나 일부의 우선변제를 받을 수 있다.

① (가)(나)(다)(라)(마)

② (나)(다)(라)(마)(가)

③ (다)(라)(마)(가)(나)

④ (라)(마)(가)(나)(다)

⑤ (마)(가)(나)(다)(라)

 (다) 저당권의 정의
(라) 채무변제가 불가한 경우 저당목적물을 현금화
(마) 공동저당의 정의
(가) 공동저당권자의 부동산의 매각대금의 비율로 배당
(나) 비례안분액을 초과하는 부분은 후순위저당권자에 배당

9 다음 글을 읽고 알 수 있는 내용이 아닌 것은?

> 농업이 경제에서 차지하는 비중이 절대적이었던 청나라는 백성들로부터 토지세(土地稅)와 인두세(人頭稅)를 징수하였다. 토지세는 토지를 소유한 사람들에게 토지 면적을 기준으로 부과되었는데, 단위 면적당 토지세액은 지방마다 달랐다. 한편 인두세는 모든 성인 남자들에게 부과되었는데, 역시 지방마다 금액에 차이가 있었다. 특히 인두세를 징수하기 위해서 정부는 정기적인 인구조사를 통해서 성인 남자 인구의 변동을 정밀하게 추적해야 했다.
>
> 그러다가 1712년 중국의 황제는 태평성대가 계속되고 있음을 기념하기 위해서 전국에서 거두는 인두세의 총액을 고정시키고 앞으로 늘어나는 성인 남자 인구에 대해서는 인두세를 징수하지 않겠다는 법령을 반포하였다. 1712년의 법령 반포 이후 지방에서 조세를 징수하는 관료들은 고정된 인두세 총액을 토지세 총액에 병합함으로써 인두세를 토지세에 부가하는 형태로 징수하는 조세 개혁을 추진하기 시작했다. 즉 해당 지방의 인두세 총액을 토지 총면적으로 나누어서 얻은 값을 종래의 단위면적당 토지세액에 더하려 했던 것이다. 그런데 조세 개혁에 대한 반발 정도가 지방마다 달랐고, 반발정도가 클수록 조세 개혁은 더 느리게 진행되었다. 이때 각 지방의 개혁에 대한 반발정도는 단위면적당 토지세액의 증가율에 정비례 하였다.

① 1712년 중국의 황제는 전국에서 거두는 인두세의 총액을 고정시키고 늘어나는 성인 남자 인구에 대해서는 인두세를 징수하지 않겠다는 법령을 반포하였다.

② 조세 개혁에 대한 반발 정도가 지방마다 달랐고, 반발정도가 클수록 조세 개혁은 더 느리게 진행되었다.

③ 인두세는 모든 성인 남자들에게 부과되었는데, 지방마다 금액에 차이가 있었다.

④ 토지세는 토지를 소유한 사람들에게 부과되었는데, 토지세액은 지방마다 달랐다.

⑤ 1712년의 법령 반포 이후 관료들은 고정된 토지세 총액을 인두세 총액에 병합함으로써 토지세를 인두세에 부가하는 형태로 징수하는 조세 개혁을 추진하기 시작했다.

 ⑤ 1712년의 법령 반포 이후 지방에서 조세를 징수하는 관료들은 고정된 인두세 총액을 토지세 총액에 병합함으로써 인두세를 토지세에 부가하는 형태로 징수하는 조세 개혁을 추진하기 시작했다.

Answer → 8.③ 9.⑤

10 다음 중 보기가 들어갈 곳으로 적절한 것은?

소멸시효(消滅時效)는 권리자가 일정한 기간 동안 권리를 행사하지 않는 상태(권리불행사의 상태)가 계속된 경우에 그의 권리를 소멸시키는 제도를 말한다. ㉠ 즉 소멸시효의 기간이 만료하면 그 권리는 소멸하게 된다. 소멸시효의 기간은 권리를 행사할 수 있는 때부터 진행한다. ㉡ 예컨대 甲이 3월 10일 乙에게 1천만 원을 1년간 빌려주고, 이자는 연 12%씩 매달 받기로 한 경우, 甲은 乙에게 4월 10일에 이자 10만원의 지불을 요구할 수 있으므로, 甲의 乙에 대한 4월분 이자채권은 그때부터 소멸시효의 기간이 진행된다. ㉢

일반적으로 채권의 소멸시효기간은 10년이다. ㉣ 여기서 '1년 이내의 기간으로 정한 채권'이란 1년 이내의 정기로 지급되는 채권을 의미하는 것이지 변제기가 1년 이내인 채권을 말하는 것은 아니다. ㉤ 그리고 여관·음식점의 숙박료·음식료의 채권, 노역인(勞役人)·연예인의 임금 및 그에 공급한 물건의 대금채권, 학생 및 수업자의 교육에 관한 교사 등의 채권 등은 1년의 소멸시효에 걸리는 채권이다.

〈보기〉

다만, 이자·부양료·사용료 기타 1년 이내의 기간으로 정한 금전 또는 물건의 지급을 목적으로 한 채권, 의사·간호사·약사의 치료·근로 및 조제에 관한 채권, 도급받은 자·기사 기타 공사의 설계 또는 감독에 종사하는 자의 공사에 관한 채권 등은 3년의 소멸시효에 걸리는 채권이다.

① ㉠   ② ㉡

③ ㉢   ④ ㉣

⑤ ㉤

Tip 보기는 '1년 이내의 기간으로 정한 금전 또는 채권'에 대해 말하고 있고, ㉣의 뒤 문장에서 '1년 이내의 기간으로 정한 채권'에 대해 언급하고 있으므로 ④가 정답이 된다.

11 다음 중 필자의 생각과 거리가 먼 것은?

> 감염성 질병이란 단지 감염을 초래하는 미생물이 환경에 존재한다고 발생하는 것이 아니다. 질병은 미생물의 활동과 인간 활동 간의 상호작용으로 초래된다. 병원균에 의한 대부분의 감염 현상은 감염되는 개체의 밀도와 수에 의존한다. 문명의 발달로 인구밀도가 높아짐에 따라 이전에는 인간에게 거의 영향을 줄 수 없었던 병원균들이 인간사회의 주변에 생존하면서 질병을 일으키게 되었다. 인간 활동이 질병을 초래하는 매체들의 서식지 등에 영향을 주면서 이러한 현상이 발생하였다. 말라리아와 같은 질병은 인간이 정주생활과 농경을 위해 대규모로 토지를 개간함으로써 흐르지 않는 물이 늘어나 모기 등의 서식지를 확대시켰기 때문에 발생하였다.
>
> 인간의 정주생활은 특정 병원매체와 인간의 계속적인 접촉을 가능하게 하였다. 회충, 촌충과 같은 기생충은 일정기간을 인간의 신체 밖에서 성장하는데 인간이 정주생활을 함에 따라 병원체의 순환이 가능해졌다. 현대의 많은 질병은 인간이 식용 목적으로 동물을 사육함에 따라 동물의 질병이 인간에게 전파된 것들이다. 예를 들어 홍역은 개와 소에서, 독감은 돼지, 닭, 오리에서, 감기는 말에서 인간에게 전염되었다. 식생활의 변화, 위생관리상태 등도 영향을 주었는데 특히 무역과 교류의 확대는 질병을 확산시켰다. 예를 들어, 홍역, 천연두, 결핵, 페스트, 유행성 이하선염, 발진 티푸스 등은 콜럼버스나 이후의 탐험가들에 의해 유럽에서 신대륙으로 옮겨졌다.

① 인간의 정주생활은 특정 병원매체와 인간의 간헐적인 접촉을 가능하게 하였다.

② 이전에는 거의 영향을 줄 수 없었던 병원균들이 문명의 발달로 인간에게 질병을 일으키게 되었다.

③ 말라리아의 발생은 인간의 정주생활과 밀접한 관계가 있다.

④ 현대의 많은 질병은 인간이 동물을 사육함에 따라 동물의 질병이 인간에게 전파된 것들이다

⑤ 홍역은 개와 소에서, 독감은 돼지, 닭, 오리에서 인간에게 전염되었다.

 ① 인간의 정주생활은 특정 병원매체와 인간의 계속적인 접촉을 가능하게 하였다.

Answer ➡ 10.④ 11.①

12 다음 밑줄 친 단어와 교체될 수 있는 단어는?

어느 지방자치단체는 관내의 유흥업소에 대한 단속정도를 놓고 고심 중에 있다. 유흥업소에 대한 단속을 강화할 경우 유흥업소의 수를 줄이는 효과는 있으나, 지역 내 고용이 줄어들어 궁극적으로는 지역경제가 위축될 가능성이 크기 때문이다. 단속을 약화할 경우에는 그 반대의 현상이 발생한다.

이 때, 단속을 강화할 경우 관내 유흥업소의 수가 감소할 가능성이 60%, 현 상태를 유지할 가능성이 30%, 증가할 가능성이 10%라고 한다. 반면에 단속을 약화할 경우 유흥 업소의 감소 가능성이 10%, 현 상태 <u>유지</u> 가능성이 30%, 증가가능성이 60%이다.

다음으로, 유흥업소가 감소할 경우에 고용 감소 가능성이 60%, 현 상태 유지 가능성이 30%, 증가 가능성이 10%이다. 유흥업소가 현 상태를 유지할 경우 고용 감소 가능성이 30%, 현 상태 유지 가능성이 40%, 증가 가능성이 30%이다. 유흥업소가 증가할 경우 고용 감소 가능성은 10%, 현 상태 유지 가능성은 30%, 증가 가능성은 60%이다.

① 중지   ② 지속

③ 파생   ④ 상반

⑤ 감소

(Tip) '유지'의 유의어는 '지속'이다.

13 ㉠과 같은 의미로 사용된 문장은?

> 축구에서 승부차기는 반드시 승자를 ㉠가려야 하는 상황에서 승부를 가리지 못했을 때 사용하는 방법이다. 승부차기 한 공의 골라인 도달시간이 골키퍼(goal keeper)의 반응시간보다 짧기 때문에, 골키퍼의 입장에서는 키커(kicker)가 공을 찬 이후에 그 방향을 보고 움직여서는 공을 막는 것이 불가능하다. 따라서 골키퍼는 키커가 공을 차기 전에 미리 공의 방향을 예측하고 움직이게 된다. 실제 승부차기에서 키커는 공을 왼쪽, 가운데, 오른쪽 중의 한 방향으로 차게 되며, 골키퍼는 한 쪽을 포기하고 다른 쪽 방향으로만 미리 움직여 공을 막거나 경우에 따라서는 움직이지 않고 가운데 부근으로 오는 공을 막기도 한다.
> 이 상황에서 키커가 왼쪽, 가운데, 오른쪽으로 공을 찰 확률이 각각 40%, 20%, 40%라고 가정한다. 그리고 골키퍼가 미리 움직여 키커의 슛을 방어할 확률은 공의 방향을 왼쪽이나 오른쪽으로 정확하게 예측했을 경우에는 80%이지만, 예측과 달리 공의 방향이 가운데일 경우에는 40%이고 예측과 반대방향일 경우에는 20%로 떨어진다고 가정한다. 또한, 골키퍼가 움직이지 않고 가운데를 지키고 있을 경우 키커가 공을 왼쪽이나 오른쪽으로 찼을 때 막을 확률은 30%이지만 가운데로 찼을 때 막을 확률은 90% 라고 가정한다.

① 어린애건만 낯도 <u>가리지</u> 아니했다

② 그 아이는 아직 대소변을 못 <u>가린다</u>.

③ 그는 동생이 진 빚을 <u>가리느라고</u> 고생이 심하다.

④ 이 글에서 잘못된 문장을 <u>가려서</u> 바르게 고치시오.

⑤ 그는 자기 앞도 못 <u>가리는</u> 처지라 결혼은 꿈도 못 꾼다.

④ 여럿 가운데서 하나를 구별하여 고르다.
① 낯선 사람을 대하기 싫어하다.
② 똥오줌을 눌 곳에 누다.
③ 치러야 할 셈을 따져서 갚아 주다.
⑤ 자기 일을 알아서 스스로 처리하다.

Answer ↱ 12.② 13.④

14 다음 글을 읽고 알 수 있는 내용은?

중위값(median)은 관찰값을 크기 순서로 나열했을 경우 가장 중앙에 위치하게 되는 값을 말하며, 평균(mean)은 관찰값의 합을 관찰값의 개수로 나눈 값을 말한다. 만일 관찰값의 분포가 좌우대칭의 종모양인 경우 중위값과 평균은 일치한다. 그러나 분포가 좌 또는 우로 치우쳐 있는 경우에는 평균이 극단값에 민감하게 영향을 받기 때문에 중위값과 평균은 일치하지 않는다.

경제 관련 자료의 경우 분포가 대칭인 것보다는 비대칭인 경우가 대부분을 차지하고 있다. 대표적 예로서 소득분포의 경우에는, 어느 나라에서나 분포의 봉우리가 가운데보다 왼쪽(소득이 적은 쪽)에 치우치게 되어 평균소득이 중위소득보다 크게 된다. 이 경우 다수의 인구(또는 가구)가 평균소득에 훨씬 못 미치는 소득수준에 머무르게 되기 때문에 이 평균소득을 근거로 한 국가의 후생수준을 평가하는 것은 문제가 있다. 이 같은 이유로 미국에서는 오래 전부터 지역주민들의 경제적 능력을 대표하는 수치로 평균 소득이 아닌 중위소득을 공개하였다.

통계학적으로 중위값과 평균을 구하는 데는 동일한 양의 정보가 필요하기 때문에 지금까지 정부통계로 평균을 발표하던 것을 중위값으로 대체하거나 또는 중위값을 추가로 공개하더라도 추가적인 노력이나 비용이 필요없다. 그러나 정부가 정책을 입안할 때 어느 수치를 기준으로 하느냐에 따라 정책효과나 정책으로 인해 영향을 받게 되는 지역이나 주민은 달라질 가능성이 매우 크다. 해당 변수의 분포가 비대칭일수록 그 영향은 당연히 더욱 커지게 된다.

① 경제 관련 자료의 경우 분포가 비대칭인 것보다는 대칭인 경우가 대부분을 차지하고 있다.
② 평균은 관찰값을 크기 순서로 나열했을 경우 가장 중앙에 위치하게 되는 값을 말한다.
③ 정부통계로 평균을 발표하던 것을 중위값으로 대체하려면 추가적인 노력이나 비용이 필요하다.
④ 분포가 좌로 치우쳐 있는 경우에는 평균이 극단값에 민감하게 영향을 받기 때문에 중위값과 평균은 일치하게 된다.
⑤ 정부가 정책을 입안할 때 기준으로 하는 변수의 분포가 비대칭일수록 그 정책효과나 정책으로 인해 영향이 커진다.

⑤ 정부가 정책을 입안할 때 어느 수치를 기준으로 하느냐에 따라 정책효과나 정책으로 인해 영향을 받게 되는 지역이나 주민은 달라질 가능성이 매우 크다. 해당 변수의 분포가 비대칭일수록 그 영향은 당연히 더욱 커지게 된다.

① 경제 관련 자료의 경우 분포가 대칭인 것보다는 비대칭인 경우가 대부분을 차지하고 있다.

② 중위값(median)은 관찰값을 크기 순서로 나열했을 경우 가장 중앙에 위치하게 되는 값을 말하며, 평균(mean)은 관찰값의 합을 관찰값의 개수로 나눈 값을 말한다.

③ 통계학적으로 중위값과 평균을 구하는 데는 동일한 양의 정보가 필요하기 때문에 지금까지 정부통계로 평균을 발표하던 것을 중위값으로 대체하거나 또는 중위값을 추가로 공개하더라도 추가적인 노력이나 비용이 필요없다.

④ 분포가 좌 또는 우로 치우쳐 있는 경우에는 평균이 극단값에 민감하게 영향을 받기 때문에 중위값과 평균은 일치하지 않는다.

15 다음 상황에 어울리는 사자성어로 적절한 것은?

> 나당연합군에 의하여 고구려가 멸망하면서 당은 평양에 안동도호부를 설치하고, 대동강 이남의 지역을 신라에게 돌려준다는 약속을 어기고 한반도 전체를 지배하려는 야욕을 보이게 된다. 이에 신라는 고구려 부흥군을 지원하고 백제의 옛 땅을 수복하기 위하여 당군이 주둔하고 있던 사비성을 함락시키고 웅진 도독부를 폐지하게 되는데, 이에 당은 신라와 전쟁을 일으키며 매소성과 기벌포에서 대패하면서 한반도를 포기하게 된다. 비록 신라가 삼국 통일을 이루었지만 살아남은 고구려인들은 나라가 없어지는 슬픔과 대동강 이북의 영토를 당나라에 빼앗긴 데에 한탄을 하였다.

① 와신상담

② 순망치한

③ 맥수지탄

④ 경국지색

⑤ 토사구팽

③ 고국의 멸망을 한탄함을 이르는 말

① 원수를 갚거나 마음먹은 일을 이루기 위하여 온갖 어려움과 괴로움을 참고 견딤을 비유적으로 이르는 말

② 서로 이해관계가 밀접한 사이에 어느 한쪽이 망하면 다른 한쪽도 그 영향을 받아 온전하기 어려움을 이르는 말

④ 뛰어나게 아름다운 미인을 이르는 말

⑤ 필요할 때는 쓰고 필요 없을 때는 야박하게 버리는 경우를 이르는 말

Answer → 14.⑤ 15.③

16 ㉠의 의미로 적절한 것은?

> 1) 혐의거래보고의 대상
>
> 금융기관 등은 ①원화 2천만 원 또는 외화 1만 달러 상당 이상의 거래로서 금융재산이 불법재산이거나 금융거래 상대방이 자금세탁행위를 하고 있다고 의심할 만한 합당한 근거가 있는 경우, ②범죄수익 또는 자금세탁행위를 알게 되어 수사기관에 신고한 경우에는 의무적으로 금융정보분석원에 혐의거래보고를 하여야 한다.
>
> 의무보고대상거래를 보고하지 않을 경우에는 관련 임직원에 대한 징계 및 기관에 대한 과태료 부과 등 적절한 제재 조치를 할 수 있다. 또한, 혐의거래 중 거래액이 보고대상 기준금액 미만인 경우에 금융기관은 이를 자율적으로 보고할 수 있다.
>
> 2) 혐의거래보고의 방법 및 절차
>
> 영업점직원은 업무지식과 전문성, 경험을 바탕으로 고객의 평소 거래상황, 직업, 사업내용 등을 고려하여 취급한 금융거래가 혐의거래로 의심되면 그 내용을 보고책임자에게 보고한다.
>
> 보고책임자는 특정금융거래정보보고 및 감독규정의 별지서식에 의한 혐의거래보고서에 보고기관, 거래상대방, 의심스러운 거래내용, 의심스러운 ㉠합당한 근거, 보존하는 자료의 종류 등을 기재하여 온라인으로 보고하거나 문서로 제출하되, 긴급한 경우에는 우선 전화나 팩스로 보고하고 추후 보완할 수 있다.

① 어떤 기준, 조건, 용도, 도리 따위에 꼭 알맞다.

② 모자라거나 부족한 것을 보충하여 완전하게 하다.

③ 일에 관한 내용이나 결과를 말이나 글로 알리다.

④ 문안(文案)이나 의견, 법안(法案) 따위를 내다.

⑤ 확실히 알 수 없어서 믿지 못하다.

② 보완하다
③ 보고하다
④ 제출하다
⑤ 의심하다

17 ㉠의 문맥적 의미와 가장 가까운 것은?

한 대학병원의 암 연구소에서는 스트레스가 생체에 미치는 영향을 연구하는 과정에서 실험용 쥐를 대상으로 전기충격 실험을 진행하였다. 그 실험에서 연구진들은 쥐를 두 집단으로 나누어서 투명한 유리상자에 넣은 다음, 한 집단에는 정해진 시간마다 전기충격을 주고 또 한 집단은 단순히 다른 집단의 쥐를 관찰하도록 하였다.

관찰조건의 쥐들이 들어가 있는 실험상자의 구조는 기본적으로 전기충격 조건의 쥐들이 들어가 있는 상자와 동일했지만 바닥에 고무판을 깔아 주어 전기충격을 받지 않도록 한 점만 달랐다. 전기충격은 50볼트의 강도로 매 2분마다 10초씩 주어졌다. 총 16시간 동안 실험을 진행한 결과, 먼저 탈진을 한 것은 전기충격 조건의 쥐들이 아니라 관찰조건의 쥐들이었다. 전기충격을 받는 쥐들은 충격이 주어질 때마다 고통스러워하면서도 조금이라도 충격을 더 적게 받기 위해 계속해서 펄쩍펄쩍 뛰어 올랐다. 반면에 관찰조건의 쥐들은 처음에는 고통스러워하는 쥐들을 보지 않기 위해서 고개를 ㉠돌리기도 하는 등 안간힘을 썼으나 시간이 지남에 따라 구석으로 가서 무기력하게 웅크리고 앉아서 벌벌 떨기만 하였다. 실험결과, 전기충격 조건의 쥐보다 관찰조건의 쥐가 암과 같은 스트레스성 질환에 더 많이 걸리는 것으로 나타났다.

① 전기가 끊겨 공장을 돌릴 수 없었다.
② 회사의 여유 자금을 돌리다가 경기가 어려워져 회수를 못했다.
③ 그는 그녀에게 시선을 돌리더니 시비조로 묻는다.
④ 그녀는 한사코 이야기를 뱅뱅 돌렸다.
⑤ 이웃에게 이사 떡을 돌리다.

 ③ 방향을 바꾸다.
① 기능이나 체제가 제대로 작용하다.
② 돈이나 물자 따위가 유통되다.
④ 완곡하게 말하다.
⑤ 어떤 물건을 나누어 주거나 배달하다.

Answer → 16.① 17.③

18 다음 글을 읽은 독자의 견해가 옳지 않은 것으로 짝지어진 것은?

　　수목장(樹木葬)은 화장한 분골을 나무 밑에 묻거나 뿌려 자연으로 되돌아가도록 하는 장례법이다. 수목장은 고인의 시신을 화장한다는 점에서 매장(埋葬)과 구별된다. 또한 수목장은 묻거나 뿌려서 자연으로 되돌아가게 한다는 점에서 분골을 석조물에 그대로 보관하는 납골(納骨) 방식과 다르다. 그리고 나무를 매개로 하여 고인을 모신다는 점에서 특별한 매개체 없이 그냥 뿌리는 산골(散骨)과도 구별된다. 수목장은 매장, 납골, 산골과 비교해 볼 때 몇 가지 특징이 있다.

　　첫째, 수목장은 환경적인 부담을 최소화하는 친환경적인 장례법이다. 수목장은 고인의 시신을 화장하고 분골하기 때문에 시신이 차지하는 공간이 최소화된다. 반면 매장은 유골을 보존하기 위해 넓은 공간을 사용함으로써 국토의 효율적 이용을 저해한다. 납골 역시 분골을 보존하기 위해 석조물을 설치하는데, 이 또한 상당한 공간을 필요로 하며 석조물이 썩지 않고 방치됨으로써 환경에 부담을 준다.

　　둘째, 수목장은 고인을 품위 있게 추모하는 장례법이다. 수목장은 나무를 매개로 하여 고인을 상징하는 추모의 대상을 제공한다. 이는 고인이 묻힌 곳을 찾고 추모하고 싶어하는 후손들의 바람을 충족시켜 주는 것으로 산골이 갖는 한계를 해결한다고 볼 수 있다.

　　셋째, 수목장은 경제적인 장점도 지니고 있다. 현재 장례문화가 가지고 있는 문제 중에서 무엇보다 심각한 것은 많은 비용이 든다는 것이다. 죽음을 준비하면서 비용을 걱정한다는 것은 슬픈 일이 아닐 수 없다. 장례방법별로 비용을 비교하면, 수목장은 매장 및 납골에 비해 확실히 강점이 있다.

- 갑 : 매장(埋葬)은 고인의 시신을 화장한다는 점에서 수목장과 구별되어져.
- 을 : 수목장은 시신을 화장하고 분골하기 때문에 시신이 차지하는 공간이 적어지지.
- 병 : 수목장은 고인을 추모하고 싶어하는 후손들의 바람을 충족시켜 주지 못해.
- 정 : 수목장은 매장 및 납골에 비해 경제적이야.

① 갑, 을　　　　　　　　　　② 갑, 병

③ 을, 병　　　　　　　　　　④ 을, 정

⑤ 병, 정

- 갑 : 수목장은 고인의 시신을 화장한다는 점에서 매장(埋葬)과 구별된다.
- 병 : 수목장은 나무를 매개로 하여 고인을 상징하는 추모의 대상을 제공한다. 이는 고인이 묻힌 곳을 찾고 추모하고 싶어하는 후손들의 바람을 충족시켜 주는 것으로 산골이 갖는 한계를 해결한다고 볼 수 있다.

19 ㉠, ㉡에 들어갈 접속사로 적절한 것은?

> 동학(東學)의 성격을 규정하려면 동학의 성립 배경과 과정을 살펴보아야 한다. 흔히 동학은 유불선(儒佛仙) 삼교합일(三敎合一)의 성격을 지녔다고 평가받는다. 이를 긍정적인 의미로 사용하는 사람도 있지만 일부에서는 유불선의 좋은 부분을 적당히 짜깁기한 조잡한 사상이라는 의미로 사용하기도 한다. ___㉠___ 동학은 단순한 조합이나 혼합의 결과물이 아니다. 사실 동학이 유불선의 합일이라는 표현은 수운(水雲) 최제우(崔濟愚) 그 자신이 직접 사용하였다. 정확하게 말하면 그는 동학이 "유불선 삼교를 겸해서 나왔다."고 표현했다. 그러나 수운은 한편으로는 "우리 도(道)는 현재 듣지 못한 일이고 옛적에도 듣지 못하던 일이요, 지금에도 견줄 만한 것이 없고 옛 것에서도 견줄 만한 것이 없다."라고 강조하면서 동학의 독자성에 대한 자부심을 드러내기도 했다.
>
> 게다가 당시 민중사상으로서 기능했다는 점에서 동학은 유불선과 다른 우리 민족 고유의 정신을 내포하고 있다. 또 어떤 학자는 수운과 고운(孤雲) 최치원(崔致遠) 사이의 혈연적이며 사상적인 연관 관계를 언급한다. 이에 따르면 수운은 고운의 도교(道敎)사상을 직·간접적으로 계승했는데, 이로써 동학에 한국 고유 사상의 연장이라는 의미가 부여된다.
>
> 반면 동학의 성립에는 서학(西學)의 영향도 적지 않았다. 예를 들어 유일신 관념과 같은 사유가 그것이다. 수운의 종교 체험은 모세가 시내산에서 하느님의 계시를 받은 사건과 매우 흡사하다. 물론 수운의 한울님 관념은 '시천주(侍天主:내 몸에 한울님을 모셨다)'라고 표현되며, 내재성을 의미하는 관념이다. ___㉡___ 동학사상 안에서 내 몸 바깥에 초월적으로 존재하는 인격적인 유일신 관념은 여전히 남아 있다. 이는 이전의 동양 전통과는 사뭇 다른 점이다. 때문에 동학의 독자적 성격이 어떻게 형성되었는가를 제대로 알려면 동양의 전통 사상과 우리의 고유 사상, 서학과 종교체험 등을 복합적으로 살펴보아야 한다.

	㉠	㉡
①	그리고	또
②	그래서	하지만
③	따라서	요컨대
④	그런데	그러나
⑤	그러나	그러나

- ㉠의 앞 문장은 '동학은 유불선의 좋은 부분을 적당히 짜깁기한 조잡한 사상이라는 의미로 사용하기도 한다'라고 했지만 ㉠의 뒤 문장은 '동학은 단순한 조합이나 혼합의 결과물이 아니다'라고 반박하고 있다. 따라서 역접의 의미인 '그러나'가 적절하다.
- ㉡의 앞 문장은 '수운의 한울님 관념은 '시천주'라고 표현되며, 내재성을 의미하는 관념이다'라고 하였지만 ㉠의 뒤 문장은 '동학사상 안에서 내 몸 바깥에 초월적으로 존재하는 인격적인 유일신 관념은 여전히 남아 있다'라고 하여 상반된 내용이 온다. 따라서 역접의 의미인 '그러나'가 적절하다.

Answer → 18.② 19.⑤

20 다음 글에 이어질 내용으로 적절한 것은?

조선시대의 세계 인식은 기본적으로 중국 중심의 중화사상에 입각하고 있었다. 전통적으로 중국에서는 '화이론(華夷論)'에 따라 한족이 사는 지역을 '안[內]'이라 하여 그 종족 및 문화를 '중화[華]'로, 주변민족이 사는 지역을 '밖[外]'으로 보아 그 종족 및 문화를 '오랑캐[夷]'로 구분하였다. 이때 문화의 내용은 유교문화의 수용과 발달 여부를 기준으로 하였다. 한편 화이론에서는 조공체제(朝貢體制)가 성립하지 않는 지역을 소위 '교화가 미치지 않는 곳[化外之地]'이라 하여 '짐승[禽獸]'이 사는 곳으로 취급하였다.

15세기 조선은 명(明)의 정치·문화·군사적 우월성을 인정하고 사대외교(事大外交)를 전개하였다. 그러나 조선이 명에 대해 사대한 것은 어디까지나 신생국인 조선이 강대국인 명으로부터 국제적으로 승인받고, 이를 통해 정치적 안정을 꾀하려는 의도에서 비롯된 것으로 주체성이나 독립성을 방기한 것은 아니었다. 명에 대한 사대를 표방하면서도 정도전의 요동정벌 시도나 세조 연간 여진에 대한 관할권을 둘러싼 명과의 긴장 국면에서도 볼 수 있듯이, 조선은 경우에 따라서는 명과의 대결을 시도할 정도로 독자적 움직임을 드러내었다. 이는 조선이 중국과 마찬가지로 천명(天命)을 받아 성립된 국가이므로 독자적 영역을 이룬다는 의식이 존재하고 있었음을 보여준다.

이러한 대외인식은 16세기에 들어와 변화하기 시작한다. 화이론을 옹호하는 사림세력이 집권하고 지배층의 주류를 차지하면서 숭명(崇明)의식이 강해졌다. 이제 사대는 실리적인 외교수단이 아니라 반드시 지켜야 할 도리로서 인식되기 시작했다. 명이 조선에게 아버지의 나라이자 황제국이라는 사실은 이해(利害)와 시세(時勢)를 초월하는 불변의 가치로 자리잡았다. 중국의 화이론에서는 조선 역시 '이적(夷狄)'으로 분류 된다. 그러나 사림세력은 기자 이래 수용하여 발전시킨 유교적 전통을 기준으로 조선의 문화적 정체성을 중국과 동일시하였고 자연스럽게 스스로를 '소중화(小中華)'라 자부하였다. 대신 주변 국가인 일본·여진·유구 등을 타자화(他者化)하여 이적으로 간주하였다.

① 조선은 명의 멸망으로 인해 중국에서는 기대할 수 없게 된 중화를 타파하고 새로운 사상을 구현할 것을 주장하였다.
② 명의 멸망으로 영향력이 약화되면서 조선은 한족이 사는 지역 외의 민족과 교류하기 시작했다.
③ 청이 세력을 떨치면서 화이론과 멀어진 조선은 중국과는 별개의 나라로 인정받게 되었다.
④ 명이 망하고 만주족이 세운 청(淸)이 중원을 차지한 이후에도 조선의 대외정책은 화이론과 소중화 의식의 틀을 벗어나지 못했다.
⑤ 청이 중화인 명을 멸망시키고 황제국을 칭한 이후에 조선은 비로소 중화사상으로부터 독립할 수 있었다.

위 글은 중화 사상에 입각한 조선의 세계 인식을 드러내고 있다. 따라서 이어질 내용 역시 중화사상을 벗어나지 못하는 조선의 모습이 담겨야 자연스럽다.

Answer⤵ 20.④

(가) 백두산은 넓은 의미로 우리나라의 북부와 만주의 남동부 지역에 걸쳐 있는 산지와 고원을 통틀어 가리키기도 하고(동서 310km, 남북 200km, 총면적 약 7만km²), 좁은 의미로 백두산 주봉만을 가리키기도 한다.

그러나 일반적으로 백두산은 백두산체와 백두산 기슭까지를 포괄하는 범위를 말한다. 이렇게 볼 때, 백두산은 우리나라 함경도의 삼지연, 보천, 백암, 대흥단군과 중국 길림성의 안도, 무송, 장백조선족 자치현의 넓은 지역에 놓이게 된다. 백두산의 전체 넓이는 약 8,000km²로 전라북도의 넓이와 비슷하다.

(나) 백두산이 이루어지기까지는 만장의 세월이 흘렀다. 백두산은 수십억 년 전에 기저가 이루어지고 지대가 발육한 뒤, 지금으로부터 약 1천만 년 전부터 화산 활동으로 형성되어 왔다. 오늘날의 백두산 일대는 본래 그리 높지 않은 언덕벌이었다. 그러다가 화산 분출로 현무암이 흘러내려 방패 모양의 용암 대지가 형성되고 다시 용암이 여러 차례 분출되어 종 모양의 기본 산체가 이루어졌다. 천지도 이 무렵에 화산마루의 윗부분이 꺼져내려 형성되었다.

(다) 백두산은 원시 시대부터 오늘날에 이르기까지 우리 겨레의 역사와 깊은 관계를 맺어 왔다. 백두산 품에서 흘러내린 두만강가에는 원시인들이 모여 살았고, 백두산의 정기를 받은 고구려와 발해 사람들은 백두산에서 씩씩함과 슬기를 배워 찬란한 문화를 창조했으며, 백두산에 대한 수많은 전설과 설화가 우리 겨레의 생활 속에 녹아들었다. 그런가 하면 백두산은 우리 겨레가 북방 오랑캐 등 외적의 침입을 받을 때마다 안타까워하기도 하고, 봉건 통치배들의 억압과 수탈을 못이겨 두만강을 건너야 했던 조선 민중들을 어루만져 주기도 했다.

(라) 나라의 조종산(祖宗山)으로 일컬어져 왔던 백두산은 근대에 들어와 의병과 독립군, 항일 전사들에게 민족 해방 투쟁의 장을 마련해 줌과 동시에 그들에게 민족 해방의 꿈을 심어 주었다.

그리하여 백두 밀림과 만주 벌판은 일제 침략자들과 맞서 싸우는 격전장이 되었다. 1930년대 후반기에 이르러 항일 전사들은 백두산 기슭의 보천보와 대흥단벌에 진출하여 일제 침략자들을 격파했고, 그 일로 백두산은 식민지 민중에게는 별과도 같은 존재였다.

(마) 오늘날 백두산은 남북으로 헤어져 사는 겨레에게 하나된 조국의 상징으로 비쳐지고 있다. 사시 장철 머리에 흰눈을 인 백두산은 통일의 비원(悲願)을 안고 남녘의 지리산까지 달음박질쳐 백두대간을 이루고 있다. 백두산과 백두대간에 대해 나날이 높아지는 관심은 백두산에 우리 겨레의 지향과 요구가 반영되어 있음을 잘 보여 준다.

21 윗글의 내용과 일치하는 것은?

① 우리 겨레는 백두산에서 많은 북방 오랑캐들을 섬멸하였다.
② 백두산에 대한 보편적인 의미는 백두산 주봉과 백두산체이다.
③ 백두 밀림과 만주 벌판은 항일 운동의 치열한 무대가 되었다.
④ 백두산은 화산 활동으로 형성된 뒤 지대가 발육하여 형성되었다.
⑤ 백두산에서 한라산까지의 백두대간은 통일의 희망을 나타내고 있다.

 (라)에서 '백두 밀림과 만주 벌판은 일제 침략자들과 맞서 싸우는 격전장이 되었다.'에서 ③이 정답임을 알 수 있다.

22 (가)~(마)의 중심 화제로 알맞은 것은?

① (가) : 백두산의 명칭
② (나) : 백두산의 형성 과정
③ (다) : 백두산에 얽힌 전설
④ (라) : 백두산의 전략적 가치
⑤ (마) : 백두산과 백두대간의 관계

 (가)는 백두산의 지리적 개관이다. (나)는 형성 과정이므로 ②가 정답이다. (다)는 근대 이전에 우리 겨레와의 관계, (라)는 근대의 우리 겨레와의 관계이며, (마)는 현대에 있어 백두산의 상징적 의미인 통일을 다루고 있다.

Answer ➙ 21.③ 22.②

23 다음 글의 내용과 일치하지 않는 것은?

사람들이 지구 환경 보호를 위해 펼쳐 온 그 동안의 여러 활동들은 기존의 환경 정책을 전혀 변화시키지 못했다. 지금 진행되고 있는 기존의 환경 보호 활동의 문제는 다음의 세 가지로 압축할 수 있는데 첫째, 현재의 방식으로는 아무런 진전도 가져올 수 없다는 것에 대한 인식이 퍼지고 있다는 것과 둘째, 그 대신 해야 할 일이 무엇인가는 대체로 명확히 알려져 있으며, 셋째, 그럼에도 불구하고 실제로는 해야 할 아무 일도 하지 않고 있다는 점이다.

왜 그러한가? 다양한 이유가 있겠지만 그 중에서도 경제적인 이해(利害)관계에 얽힌 측면이 매우 강하게 작용하고 있다는 것은 주지의 사실이다. 환경 정책과 상반되는 경제적 이해(利害)가 얽혀 있어서 '개발과 보호'의 관점이 서로 맞서고 있는 것이다. 그러나 그것이 이유일 수는 없다. 환경 문제는 '누가 어떤 이해 관계를 가지고 있는가?'의 문제가 아니라, '왜 그러한 이해 관계가 유지되게 되었는가?'에 대한 근본적인 물음에 대한 해답이 먼저 나와야 할 문제이기 때문이다.

경제 발달과 함께 우리의 생존 조건에 대한 파괴가 진행되고 있음을 부인하는 사람은 없을 것이다. 인간의 이해 관계가 얽혀 인간이 인간답게 살 수 있는 길, 즉 우리가 생명으로 복귀하는 일은 점점 더 멀어져감과 동시에 서서히 파멸에 이르는 길로 접어들고 있다.

이런 문제가 발생하게 된 근본적 요인은 인간의 자연에 대한 의식에서 비롯된다. 생명으로 복귀한다는 것은 다른 생명체들이 인간을 위해 존재하는 것이 아니라, 인간과 더불어 이 세상에 존재한다는 것을 인식한다는 것이다. 즉 각각의 생명체들이 자신만의 독특한 생활 공간을 필요로 하며, 인간 역시 이러한 다양한 생명체들 중의 하나로 자연 속에서 인간만의 독특한 생활 환경을 구성해 나가는 자연의 일부분이라는 점을 인식하는 것이다.

근대 산업사회를 거치면서 사람들은 이러한 사실을 오해하여 이 세상 전체가 인간의 생활 공간이라고 생각해왔다. 그래서 인간을 중심으로 인간의 환경만을 유일하게 존재하는 환경이라고 생각하고 그것만 보호하면 된다고 여겼다. 이런 생각 때문에 인간은 자연과의 관계에서 위기를 불러일으킨 것이다.

우리는 다른 생명체들의 환경이 갖는 개별성을 인정하지 않았기에 인간의 생활 공간 내에 그들의 생활 공간을 조금 내주었다. 자연 전체 속에서 인간 이외의 다른 생명체들의 고유한 감각과 가치를 보지 못하고 마치 그들이 우리 인간을 위해 존재해 온 것처럼 생각하고 행동해 왔다. 인간의 환경이라는 생각으로 세계가 단지 인간만을 위해 존재하는 것으로 보아 온 것이다. 그러기에 환경에 대한 개념 자체도 왜곡되었다. 지금까지의 환경 정책을 특징지어 온 이런 오류들로부터 벗어나기 위해서는 인간 세계 이외의 다른 세계 모두를 우리의 공생계(共生界)로 생각하고 이런 생각의 바탕 위에서 환경 문제를 다루지 않으면 안 된다.

① 경제 문제는 환경 문제와 밀접하게 관련되어 있다.

② 근대 산업 사회에 접어들면서 환경 파괴가 더욱 심해졌다.

③ 인간 이외의 다른 생명체들도 지구상에서 자신들의 생활 공간을 가질 권리가 있다.

④ 환경 보호를 위한 기존의 여러 활동들은 환경 정책을 변화시키는 데 크게 기여하였다.

⑤ 생명으로 복귀한다는 것은 인간과 다른 생명체들이 더불어 존재한다는 것을 인식함을 의미한다.

 인간들이 환경 문제에 대해 많은 관심을 갖고 다양한 활동을 펼쳐 왔으나 기존의 여러 활동들이 환경 정책에 아무런 변화를 주지 못했음을 제시하고 이를 문제삼고 있다. 아울러 인간들이 해야 할 일이 밝혀졌지만 실제로 행하지 않고 있음을 첫째 단락에서 지적하고 있다.

Answer 23.④

24 다음 글이 독자에게 감동을 주는 이유로 가장 알맞은 것은?

워싱턴의 대추장이 우리 땅을 사고 싶다는 전갈을 보내왔다. 대추장은 우정과 선의의 말도 함께 보냈다. 그가 답례로 우리의 우의를 필요로 하지 않는다는 것을 잘 알고 있으므로 이는 그로서는 친절한 일이다. 하지만 우리는 그대들의 제안을 진지하게 고려해볼 것이다. 우리가 땅을 팔지 않으면 백인이 총을 들고 와서 우리 땅을 빼앗을 것임을 우리는 잘 알고 있다.

워싱턴 대추장이 우리 땅을 사고 싶다는 전갈을 보내온 것은 곧 우리의 거의 모든 것을 달라는 것과 같다. 대추장은 우리만 따로 편히 살 수 있도록 한 장소를 마련해 주겠다고 한다. 그는 우리의 아버지가 되고 우리는 그의 자식이 되는 것이다. 그러니 우리 땅을 사겠다는 그대들의 제안을 잘 고려해보겠지만, 우리에게 있어 이 땅은 거룩한 것이기에 그것은 쉬운 일이 아니다. 개울과 강을 흐르는 이 반짝이는 물은 그저 물이 아니라 우리 조상들의 피다. 만약 우리가 이 땅을 팔 경우에는 이 땅이 거룩한 것이라는 걸 기억해 달라.

백인은 우리의 방식을 이해하지 못한다는 것을 우리는 알고 있다. 백인에게는 땅의 한 부분이 다른 부분과 똑같다. 그는 한밤중에 와서는 필요한 것을 빼앗아 가는 이방인이기 때문이다. 땅은 그에게 형제가 아니라 적이며, 그것을 다 정복했을 때 그는 또 다른 곳으로 나아간다. 백인은 거리낌없이 아버지의 무덤을 내팽개치는가 하면 아이들에게서 땅을 빼앗고도 개의치 않는다. 아버지의 무덤과 아이들의 타고난 권리는 잊혀지고 만다. 백인은 어머니인 대지와 형제인 저 하늘을 마치 양이나 목걸이처럼 사고 약탈하고 팔 수 있는 것으로 대한다. 백인의 식욕은 땅을 삼켜 버리고 오직 사막만을 남겨놓을 것이다.

우리는 우리의 땅을 사겠다는 그대들의 제의를 고려해보겠다. 그러나 제의를 받아들일 경우 한 가지 조건이 있다. 즉 이 땅의 짐승들을 형제처럼 대해야 한다는 것이다. 나는 미개인이니 달리 생각할 길이 없다. 나는 초원에서 썩어가고 있는 수많은 물소를 본 일이 있는데 모두 달리는 기차에서 백인들이 총으로 쏘고는 그대로 내버려둔 것들이었다. 연기를 뿜어대는 철마가 우리가 오직 생존을 위해서 죽이는 물소보다 어째서 더 중요한지를 모르는 것도 우리가 미개인이기 때문인지 모른다. 짐승들이 없는 세상에서 인간이란 무엇인가? 모든 짐승이 사라져버린다면 인간은 영혼의 외로움으로 죽게 될 것이다. 짐승들에게 일어난 일은 인간들에게도 일어나기 마련이다. 만물은 서로 맺어져 있다.

백인들 또한 언젠가는 알게 되겠지만 우리가 알고 있는 한가지는 우리 모두의 하느님은 하나라는 것이다. 그대들은 땅을 소유하고 싶어하듯 하느님을 소유하고 있다고 생각하는지 모르지만 그것은 불가능한 일이다. 하느님은 인간의 하느님이며 그의 자비로움은 인디언에게나 백인에게나 꼭 같은 것이다. 이 땅은 하느님에게 소중한 것이므로 땅을 헤치는 것은 그 창조주에 대한 모욕이다. 백인들도 마찬가지로 사라져 갈 것이다. 어쩌면 다른 종족보다 더 빨리 사라질지 모른다.

그러므로 우리가 땅을 팔더라도 우리가 사랑했듯이 이 땅을 사랑해 달라. 우리가 돌본 것처럼 이 땅을 돌보아 달라. 당신들이 이 땅을 차지하게 될 때 이 땅의 기억을 지금처럼 마음속에 간직해 달라. 온 힘을 다해서, 온 마음을 다해서 그대들의 아이들을 위해 이 땅을 지키고 사랑해 달라. 하느님이 우리 모두를 사랑하듯이.

① 백인에 대한 굴욕적인 어투가 독자로부터 동정심을 얻고 있다.
② 백인의 이성에 호소하는 환경 친화적 발언이 심금을 울리고 있다.
③ 유토피아 제시를 통하여 백인의 문명을 통쾌하게 공격하고 있다.
④ 백인의 문명에 대한 일관된 비판적 자세가 독자들의 공감을 얻고 있다.
⑤ 비극적인 상황에서도 감정을 자제하는 태도가 오히려 설득력을 얻고 있다.

 이 글은 백인에게 거의 쫓겨나다시피한 입장에 있으면서도 백인들을 공격하기보다는 자신들이 사랑했던 자연에 대해 형제처럼 아끼고 사랑해 줄 것을 설득하려고 노력하는 관용의 자세를 보이고 있다.

Answer → 24.⑤

25 다음 글을 교지의 과학란에 싣고자 할 때 제목으로 가장 적절한 것은?

1992년 6월에 브라질의 리우데자네루에서 개최되었던 '유엔 환경 개발 회의'는 생물의 종에 대한 생각을 완전히 바꾸는 획기적인 계기를 마련하였다. 그 까닭은, 한 나라가 보유하고 있는 생물의 종 수는 곧 그 나라의 생물 자원의 양을 가늠하는 기준이 되며, 동시에 장차 그 나라의 부를 평가하는 척도가 될 수 있다는 점을 일깨워 주었기 때문이다. 아울러, 생물 자원은 장차 국제 사회에서 자국의 이익을 대변하는 무기로 바뀔 수 있음을 예고하였다. 그래서 생물 자원의 부국들, 이를테면 브라질, 멕시코, 마다가스카르, 콜롬비아, 자이르, 오스트레일리아, 인도네시아 등은 현재 전 세계를 대표하는 경제 부국으로 일컬어지는 G(Group)-7 국가들처럼, 전 세계에서 생물 자원을 가장 많이 가지고 있는 자원 부국들이라 하여 'M(Megadiversity)-7 국가들'로 불리고 있다. 우연히도 G-7 국가들이 전 세계 부의 54%를 소유하고 있는 것처럼, 이들 M-7 국가들도 전 세계 생물 자원의 54%를 차지하고 있어서, 이들이 이 생물 자원을 무기로 삼아 세계의 강대국으로 군림할 날이 머지 않았으리라는 전망도 나오고 있다.

생물 다양성이란, 어떤 지역에 살고 있는 생물 종의 많고 적음을 뜻하는 말이라고 할 수 있다. 한 지역에 살고 있는 생물의 종류가 많고 다양하다는 것은, 그 지역에 숲이 우거지고 나무들이 무성하며, 각종 동식물이 생활하기에 알맞은 풍요로운 환경을 이루고 있다는 것을 뜻한다. 따라서 이와 같은 환경 조건은 사람들이 살기에도 좋은 쾌적한 곳이 되기 때문에 생물 다양성은 자연 환경의 풍요로움을 평가하는 지표로 이용되기도 한다. 생물학적으로 생물 다양성이라는 말은 지구상에 서식하는 생물 종류의 다양성, 그러한 생물들이 생활하는 생태계의 다양성, 그리고 생물이 지닌 유전자의 다양성 등을 총체적으로 지칭하는 말이다.

20세기 후반에 들어와 인류는 이와 같이 중요한 의미를 지니고 있는 생물 자원이 함부로 다루어질 때 그 자원은 유한할 수 있다는 데 주목하였다. 실제로 과학자들은 지구상에서 생물 다양성이 아주 급격히 감소하고 있다는 사실을 깨닫고 크게 놀랐다.

그리고 이러한 생물 종 감소의 주된 원인은 그 동안 인류가 자연 자원을 남용해 이로 인하여 기후의 변화가 급격히 일어난 때문이며, 아울러 산업화와 도시화에 따른 자연의 파괴가 너무나 광범위하게 또 급격히 이루어졌기 때문이라는 사실을 알게 되었다.

이 생물 다양성 문제가 최근에 갑자기 우리의 관심 대상으로 떠오르게 된 것은, 단순히 쾌적하고 풍요로운 자연 환경에 대한 그리움 때문에서가 아니라 생물종의 감소로 인하여 부각될 인류의 생존 문제가 심각하기 때문이다.

① 미래 산업과 유전 공학
② 생물 자원과 인류의 미래
③ 국제 협약과 미래의 무기
④ 환경보호와 산업화의 공존
⑤ M-7의 가입과 우리의 과제

 본문의 전체적인 내용은 '생물종의 감소는 인류의 생존 문제와 직결된다.'는 내용이다. 이 내용을 포괄할
수 있는 제목은 ②가 된다.

26 다음 글에서 알 수 있는 언어의 특징은?

> 내가 어렸을 때 우리 고장에서는 시멘트를 '돌가루'라고 불렀다. 이런 말들은 자연적으로 생
> 겨난 훌륭한 우리 고유어인 데도 불구하고 사전에도 실리지 않고 그냥 폐어(廢語)가 되어 버렸
> 다. 지금은 고향에 가도 이런 말을 들을 수 없으니 안타깝기 그지없다. 얼마 전 고속도로의 옆
> 길을 가리키는 말을 종전에 써 오던 일본식 용어인 '노견(路肩)'에서 '갓길'로 바꾸었다는 보도를
> 듣고 우리의 언어생활도 이제 바른 방향을 잡아가고 있구나 하고 생각했던 적이 있다.

① 언어는 세상을 보는 창의 역할을 한다.
② 언어는 사회를 구성하는 사람들의 약속이다.
③ 언어의 형식과 내용은 임의적으로 결합되었다.
④ 언어는 존재하지 않는 세계를 표현할 수 있다.
⑤ 언어 사용 능력은 인간만이 가지는 고유한 능력이다.

 우리말을 가꾸는 방법은 결국 언중의 동의를 전제로 하는 것이며, 이는 언어의 특성 중 사회성과 관련
된다.

Answer 25.② 26.②

27 다음 (개)와 (내)의 논지 전개 구조를 가장 잘 설명한 것은?

> (개) 사회 복지 정책이 사람들의 자유를 침해(侵害)한다는 논리 가운데 하나는, 사회 복지 정책 추진에 필요한 세금을 많이 낸 사람들이 이득을 적게 볼 경우, 그 차이만큼 불필요하게 개인의 자유를 제한한 것이 아니냐는 것이다. 일반적으로 사회 복지 정책이 제공하는 재화와 서비스는 공공재적 성격을 갖고 있어, 이를 이용하는 데 차별(差別)을 두지 않는다. 따라서, 강제적으로 낸 세금의 액수와 그 재화의 이용을 통한 이득 사이에는 차이가 존재할 수 있고, 세금을 많이 낸 사람들이 적은 이득을 보게 될 경우, 그 차이만큼 불필요하게 그 사람의 자유를 제한하였다고 볼 수 있다.
>
> (내) 그러나 이러한 자유의 제한은 다음과 같은 측면에서 합리화될 수 있다. 사회 복지 정책을 통해 제공하는 재화는 보편성을 가지고 있기 때문에, 사회 전체를 위해 강제적으로 제공하는 것이 개인들의 자발적인 선택의 자유에 맡겨둘 때보다 그 양과 질을 높일 수 있다. 예를 들어, 각 개인들에게 민간 부문의 의료 서비스를 사용할 수 있는 자유가 주어질 때보다 모든 사람들이 보편적인 공공 의료 서비스를 받을 수 있을 때, 의료 서비스의 양과 질은 전체적으로 높아진다. 왜냐 하면, 모든 사람을 대상으로 하는 의료 서비스의 양과 질이 높아져야만 개인에게 돌아올 수 있는 서비스의 양과 질도 높아질 수 있기 때문이다. 이러한 경우 세금을 많이 낸 사람이 누릴 수 있는 소극적 자유는 줄어들지만, 사회 구성원들이 누릴 수 있는 적극적 자유의 수준은 전반적으로 높아지는 것이다.

① (개)에서 논의한 것을 (내)에서 사례를 들어 보완하고 있다.

② (개)에서 서로 대립되는 견해를 소개한 후, (내)에서 이를 절충하고 있다.

③ (개)에서 문제의 원인을 분석한 후, (내)에서 해결 방안을 모색하고 있다.

④ (개)에서 논의된 내용에 대해 (내)에서 반론의 근거를 마련하고 있다.

⑤ (개)에서 제기한 의문에 대해 (내)에서 새로운 관점을 내세워 해명하고 있다.

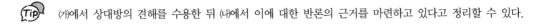 (개)에서 상대방의 견해를 수용한 뒤 (내)에서 이에 대한 반론의 근거를 마련하고 있다고 정리할 수 있다.

Answer↱ 27.④

28 다음 중 'ⓐ : ⓑ'의 의미 관계와 가장 유사한 것은?

> 지구의 대기는 열을 흡수함으로써 지상의 생물을 보호하는 역할을 한다. 태양은 지구를 따뜻하게 할 에너지를 공급해 주고, 지구는 태양 에너지를 우주 공간으로 반사하여 되돌려 보낸다. 그런데 대기를 이루고 있는 성분 중에서 수증기나 ⓐ 이산화탄소 같은 성분은 지구가 우주로 복사하는 열의 일부를 지표면으로 되돌린다. 마치 열을 가두어 농작물을 한파로부터 보호하는 온실(溫室)과도 같은 기능을 하는 것이다. 대기의 이러한 작용을 온실 효과라고 하고, 이런 효과를 유발하는 대기 중의 성분을 ⓑ 온실 기체라고 한다. 생물이 살아가기에 적당한 온도를 지구가 일정하게 유지하는 것은 대기 중에 온실 기체가 있기 때문이라고 할 수 있다.

① 의자 : 책상

② 서점 : 책방

③ 날짐승 : 길짐승

④ 봉산탈춤 : 전통극

⑤ 소프트웨어 : 하드웨어

 '이산화탄소'는 각종 공해 물질이나 수증기와 더불어 '온실 기체'의 하위 사례를 이룬다. 그러므로 ⓐ는 ⓑ의 하위어에 해당한다. '봉산탈춤'은 '양주 별산대 놀이', '통영 오광대 놀이' 등과 더불어 '전통극'의 하위 개념에 해당한다.

Answer 28.④

방송의 발달은 가정에서 뉴스, 교양, 문화, 예술 등을 두루 즐길 수 있게 한다는 점에서 일상 생활 양식에 큰 변화를 가져왔다. 영국 런던의 공연장에서 열창하는 파바로티의 모습이나, 미국의 야구장에서 경기하는 박찬호의 멋진 모습을 한국의 안방에서 위성 중계 방송을 통해 실시간으로 볼 수 있게 되었다. 대중들은 언제라도 고급 문화나 대중 문화를 막론하고 모든 종류의 문화 예술이나 오락 프로그램을 저렴한 비용으로 편안하게 즐길 수 있게 된 것이다. 방송의 발달이 고급 문화와 대중 문화의 경계를 허물어 버린 셈이다.

20세기 말에 들어와 위성 텔레비전 방송과 인터넷 방송이 발달하면서, 고급 문화와 대중 문화의 융합 차원을 넘어 전 세계의 문화가 더욱 융합하고 혼재하는 현상을 보이기 시작했다. 위성 방송의 발전 및 방송 프로그램의 국제적 유통은 국가간, 종족간의 문화 차이를 좁히는 기능을 했다. 이렇게 방송이 세계의 지구촌화 현상을 더욱 가속화하면서, 세계 각국의 다양한 민족이 즐기는 대중 문화는 동질성을 갖게 되었다.

최근 들어 디지털 위성 방송, HDTV, VOD 등 방송 기술의 눈부신 발전은, 방송이 다룰 수 있는 내용의 범위와 수준을 이전과 비교할 수 없을 만큼 높이 끌어올렸고, 우리의 일상 생활 패턴까지 바꾸어 놓았다. 또한, 이러한 기술의 발전으로 인해 방송은 오늘날 매우 중요한 광고 매체의 하나로 자리잡게 되었다. 방송이 지닌 이와 같은 성격은 문화에 큰 영향을 주는 요인으로 작용했다고 할 수 있다. 커뮤니케이션 학자 마샬 맥루한은 방송의 이러한 성격과 관련하여 "미디어는 곧 메시지이다."라고 말한 바 있다. 이 말은 방송의 기술적, 산업적 기반이 방송의 내용에 매우 큰 영향을 끼친다는 의미로 해석할 수 있다. 요즘의 대중 문화는 거의 매스 미디어에 의해 형성된다고 해도 과언이 아닐 정도로 방송의 기술적 측면이 방송의 내용적 측면, 즉 문화에 미치는 영향은 크다.

이러한 방송의 위상 변화는 방송에 의한 대중 문화의 상업주의적, 이데올로기적 성격을 그대로 드러내 준다. 이를 단적으로 보여 주는 한 가지 예가 '스타 현상'이다. 오늘날의 사회적 우상으로서 대중의 사랑을 한 몸에 받는 마이클 잭슨, 마이클 조던, 서태지 등은 방송이 만들어 낸 대중 스타들이다. 이러한 슈퍼 스타들은 대중의 인기로 유지되는 문화 산업 시장을 독점하기 위해 만들어진 문화 상품이다. 현대 사회에서 문화 산업 발전의 첨병(尖兵)으로 방송이 만들어 낸 스타들은 로웬달이 말하는 '소비적 우상들'인 것이다. 이러한 대중 문화 우상들의 상품화를 배경으로 하여 형성된 문화 산업 구조는 대중을 정치적 우중(愚衆)으로 만들기도 한다.

앞으로도 방송의 기술적, 산업적 메커니즘은 대중 문화에 절대적인 영향을 미칠 것으로 예상된다. 방송 메커니즘은 다양하면서도 차별화된 우리의 문화적 갈증을 풀어 주기도 하겠지만, 대중 문화의 상업주의, 소비주의, 향락주의를 더욱 심화시킬 우려 또한 크다. 21세기의 대중 문화가 보다 생산적이고 유익한 것이 되고 안 되고는, 우리가 방송에 의한 폐해를 경계하는 한편, 방송 내용에 예술적 가치, 진실성, 지적 성찰 등을 얼마나 담아낼 수 있는가에 달려 있다.

29 윗글에 대한 설명으로 적절하지 않은 것은?

① 방송이 문화에 미치는 영향력을 고찰하고 있다.

② 전문가의 견해를 인용하여 논지를 강화하고 있다.

③ 구체적 사례를 들어 방송의 특성을 부각시키고 있다.

④ 방송의 속성을 친숙한 대상에 빗대어 설명하고 있다.

⑤ 기술 발전에 따른 방송의 위상 변화를 서술하고 있다.

 이 글은 방송의 발달이 문화에 끼치는 영향과 방송의 위상 변화를 방송의 기술적·산업적 성격을 바탕으로 서술하고 나서 방송 매체에 대한 비판 정신을 가져야 함을 주장하고 있다. 논의 과정에서 구체적 사례를 들고, 전문가의 견해를 인용하고는 있으나 친숙한 대상에 빗대어 유추하고 있는 것은 아니다.

30 윗글을 읽고 난 학생들의 반응이다. 윗글의 핵심에 가장 가까운 것은?

① 고급 문화와 대중 문화의 정체성을 확보하는 일이 중요하다는 말이군.

② 대중 문화에 미치는 방송의 부정적 영향을 경계해야 한다는 말이군.

③ 문화 산업 시장을 독점하기 위한 전략을 만드는 일이 중요하다는 말이군.

④ 스타 시스템을 통해 문화 산업 발전의 첨병을 만들어 내야 한다는 말이군.

⑤ 매스 미디어의 기술적, 산업적 메커니즘을 광고 매체에 활용하자는 말이군.

 글쓴이는 방송 메커니즘의 양면성에 대해 언급하고 나서, 21세기 대중 문화가 생산적이고 유익한 것이 되고 안 되고는 우리가 매스 미디어의 내용에 어떤 가치를 담아 내느냐에 달려 있다고 강조하고 있다. 이는 결국 우리가 대중 문화 및 대중 문화에 큰 영향력을 미치는 매스 미디어에 대해 비판 정신을 갖추어야 함을 강조한 것으로 볼 수 있다.

Answer → 29.④ 30.②

|1~5| 다음 조건을 읽고 옳은 설명을 고르시오.

1

- 갑, 을, 병, 정은 각각 박물관, 대형마트, 영화관, 병원 중 한 곳에 갔다.
- 정은 영화관에 갔다.
- 병은 대형마트에 가지 않았다.
- 갑은 병원에 가지 않았다.
- 을은 박물관과 병원에 가지 않았다.

A : 정은 박물관에 갔다.
B : 갑은 대형마트에 갔다.

① A만 옳다.
② B만 옳다.
③ A와 B 모두 옳다.
④ A와 B 모두 그르다.
⑤ A와 B 모두 옳은지 그른지 알 수 없다.

Tip 명제를 종합해보면,

	박물관	대형마트	영화관	병원
갑	○	×	×	×
을	×	○	×	×
병	×	×	×	○
정	×	×	○	×

2

- 영진이네 조는 키 순서대로 자리를 배치하기로 하였다.
- 키가 큰 사람은 본인보다 키가 작은 사람 앞에 앉을 수 없다.
- 대명이는 정우보다 앞에 앉았다.
- 정우는 우리보다 크지 않다.
- 영진이보다 키가 큰 사람은 없다.

A : 정우는 앞에서 세 번째에 앉는다.
B : 대명이는 가장 앞에 앉는다.

① A만 옳다.
② B만 옳다.
③ A와 B 모두 옳다.
④ A와 B 모두 그르다.
⑤ A와 B 모두 옳은지 그른지 알 수 없다.

Tip 명제를 종합해보면,
영진>우리≧정우>대명 순으로 키가 크다.

Answer→ 1.④ 2.②

3

> • 초콜릿을 먹으면 집중할 수 있다.
> • 서영이는 초콜릿을 먹지 않았다.
> • 정진이는 집중할 수 없다.

> A : 집중할 수 없으면 초콜릿을 먹지 않았다.
> B : 정진이는 초콜릿을 먹었다.

① A만 옳다.
② B만 옳다.
③ A와 B 모두 옳다.
④ A와 B 모두 그르다.
⑤ A와 B 모두 옳은지 그른지 알 수 없다.

 '초콜릿을 먹으면 집중할 수 있다.'의 대우는 '집중할 수 없으면 초콜릿을 먹지 않았다.'이다. 따라서 A만 옳다.

4

> • 태양을 좋아하는 사람은 비를 좋아하는 사람이다.
> • 비를 좋아하는 사람은 눈을 싫어하는 사람이다.
> • 바람을 싫어하는 사람은 눈을 좋아하는 사람이다.
> • 구름을 싫어하는 사람은 바람을 싫어하는 사람이다.

> A : 바람을 싫어하는 사람은 구름을 싫어하는 사람이다.
> B : 태양을 좋아하는 사람은 구름을 좋아하는 사람이다.

① A만 옳다.
② B만 옳다.
③ A와 B 모두 옳다.
④ A와 B 모두 그르다.
⑤ A와 B 모두 옳은지 그른지 알 수 없다.

⊙ 명제의 대우 역시 참이므로,
세 번째와 네 번째 명제의 대우는
• 눈을 싫어하는 사람은 바람을 좋아하는 사람이다.
• 바람을 좋아하는 사람은 구름을 좋아하는 사람이다.
ⓛ 나머지 명제들과 연결시켜보면,
= 태양○ → 비○ → 눈× → 바람○ → 구름○
그러므로 태양을 좋아하는 사람은 구름을 좋아하는 사람이다.

5

> • 탁구를 좋아하는 사람은 축구를 싫어한다.
> • 야구를 좋아하는 사람은 축구를 좋아한다.
> • 농구를 좋아하는 사람은 야구를 좋아한다.
> • 농구를 싫어하는 사람은 배구를 좋아한다.

> A : 축구를 싫어하는 사람은 농구를 싫어한다.
> B : 야구를 싫어하는 사람은 배구를 좋아한다.

① A만 옳다.

② B만 옳다.

③ A와 B 모두 옳다.

④ A와 B 모두 그르다.

⑤ A와 B 모두 옳은지 그른지 알 수 없다.

 ⊙ 명제의 대우 역시 참이므로,
두 번째와 세 번째 명제의 대우는
• 축구를 싫어하는 사람은 야구를 싫어한다.
• 야구를 싫어하는 사람은 농구를 싫어한다.
ⓛ 나머지 명제들과 연결시켜보면,
= 탁구○ → 축구× → 야구× → 농구× → 배구○
그러므로 탁구를 좋아하는 사람은 배구를 좋아한다.

Answer ↪ 3.① 4.② 5.③

6 다음 명제가 참일 때, 항상 참이 되는 것은?

> • 꿈이 있는 자는 좌절하지 않는다.
> • 모든 사람이 대학생은 아니다.
> • 꿈이 없는 대학생은 없다.

① 대학생은 좌절하지 않는다.
② 꿈이 없는 사람은 없다.
③ 좌절하지 않는 모든 사람은 대학생이다.
④ 꿈이 없는 어떤 대학생이 있다.
⑤ 좌절하지 않는 대학생은 꿈이 없다.

 각 명제의 대우를 고려하면 다음과 같다.
대학생은 꿈이 있다. → 꿈이 있는 자는 좌절하지 않는다.
따라서 모든 대학생은 좌절하지 않는다.

7 다음 밑줄 친 부분에 들어갈 말로 가장 적절한 것은?

> • 피아노를 잘 치는 사람은 노래를 잘한다.
> • 권이는 _____
> • 그러므로 권이는 노래를 잘한다.

① 피아노를 못 친다.　　　　　② 운동을 좋아하지 않는다.
③ 피아노를 잘 친다.　　　　　④ 운동을 좋아한다.
⑤ 노래를 좋아한다.

 제시문은 연역 논증으로, 대전제→소전제→대전제에 포함된 결론을 이끌어내는 형식을 갖는다. 따라서 ③이 소전제에 적합하다.

8 가영, 나리, 다솜, 라임, 마야, 바울, 사랑 7명은 구슬치기를 하기 위해 모였다. 다음 조건에 따라 각각의 사람이 구슬을 가지고 있을 때, 다음 중 반드시 거짓인 것은?

> • 다솜이 가지고 있는 구슬의 수는 마야, 바울, 사랑이 가지고 있는 구슬의 합보다 많다.
> • 마야와 바울이 가지고 있는 구슬의 합은 사랑이 가지고 있는 구슬의 수와 같다.
> • 바울이 가지고 있는 구슬의 수는 가영과 라임이 가지고 있는 구슬의 합보다 많다.
> • 나리는 가영보다 구슬을 적게 가지고 있다.
> • 가영과 라임이 가지고 있는 구슬의 수는 같다.
> • 마야와 바울이 가지고 있는 구슬의 수는 같다.

① 사랑이 가지고 있는 구슬의 수는 바울이 가지고 있는 구슬의 수보다 더 많다.

② 가영이 가지고 있는 구슬의 수는 나리와 라임이 가지고 있는 구슬의 합보다 더 적다.

③ 사랑이 가지고 있는 구슬의 수는 가영, 라임, 마야가 가지고 있는 구슬의 합보다 더 적다.

④ 바울이 가지고 있는 구슬의 수는 가영, 나리, 라임이 가지고 있는 구슬의 합보다 더 많다.

⑤ 다솜이 가지고 있는 구슬의 수는 가영, 나리, 라임, 마야가 가지고 있는 구슬의 합보다 더 많다.

 조건에 따라 정리하면 다음과 같다.
⊙ 다솜 > 마야+바울+사랑
ⓒ 마야+바울=사랑
ⓒ 바울 > 가영+라임
ⓒ 가영 > 나리
ⓜ 가영=라임
ⓗ 마야=바울
따라서 ③은 반드시 거짓이다.

Answer↬ 6.① 7.③ 8.③

9 S사 사원 A, B, C, D, E, F, G 7명은 일요일부터 토요일까지 일주일에 1명씩 자재구매를 실시한다. 아래의 조건을 만족시키고, A가 월요일에 구매를 한다면, 다음 중 항상 거짓인 것은 무엇인가?

> • C는 화요일에 구매한다.
> • B 또는 F는 D가 구매한 다음 날 구매를 한다.
> • G는 A가 구매한 다음날 구매할 수 없다.
> • E는 B가 구매한 다음날 구매한다.

① G는 일요일에 구매할 수 있다.
② E가 토요일에 구매를 하면 G는 일요일에만 구매를 한다.
③ F가 일요일에 구매를 하면 G는 토요일에 구매를 한다.
④ D는 수, 목, 금 중에 구매를 한다.
⑤ F는 D보다 먼저 구매를 한다.

 조건에 따라 정리하면 다음과 같다.

월	화	수	목	금	토	일
A	C	D	B	E	G 또는 F	F 또는 G
A	C	D	F	B	E	G
A	C	G 또는 F	D	B	E	F 또는 G
A	C	B	E	D	F	G

10 김 과장은 오늘 아침 조기 축구 시합에 나갔다. 그런데 김 과장을 모르는 어떤 신입사원이 김 과장에게 급히 전할 서류가 있어 축구 시합장을 찾았다. 시합은 시작되었고, 김 과장이 선수로 뛰고 있는 것은 분명하다. 제시된 조건을 토대로 신입사원이 김 과장을 찾기 위해 추측한 내용 중 반드시 참인 것은?

> • A팀은 검정색 상의를, B팀은 흰색 상의를 입고 있다.
> • 양 팀에서 안경을 쓴 사람은 모두 수비수다.
> • 양 팀에서 축구화를 신고 있는 사람은 모두 안경을 쓰고 있다.

① 만약 김 과장이 A팀의 공격수라면 흰색 상의를 입고 있거나 축구화를 신고 있다.
② 만약 김 과장이 B팀의 공격수라면 축구화를 신고 있다.
③ 만약 김 과장이 검정색 상의를 입고 있다면 안경을 쓰고 있다.
④ 만약 김 과장이 A팀의 수비수라면 검정색 상의를 입고 있으며 안경도 쓰고 있다.
⑤ 만약 김 과장이 공격수라면 안경을 쓰고 있다.

> A팀이라면 검정색 상의를 입고, 수비수는 모두 안경을 쓰고 있으므로 ④가 옳다.

11 다음 조건만으로 알 수 있는 것은?

> • 비가 오는 날이면 갑돌이는 갑순이를 생각한다.
> • 비가 오는 날이면 길동이도 갑순이를 생각한다.

① 비가 오는 날이면 갑돌이는 갑순이를 만난 적이 있다.
② 길동이도 갑돌이만큼 갑순이를 좋아한 것이 있다.
③ 갑돌이, 갑순이, 길동이는 서로 알고 지내는 사이다.
④ 비가 오는 날이면 갑순이를 생각하는 사람들이 있다.
⑤ 갑돌이는 길동이보다 갑순이를 더 먼저 만났다.

 비가 오는 날이면 갑돌이와 길동이는 갑순이 생각을 하므로, ④를 알 수 있다.

12 다음 추론에서 밑줄 친 곳에 들어갈 문장으로 가장 적절한 것은?

> • 사색은 진정한 의미에서 예술이다.
> • 예술은 인간의 삶을 풍요롭게 만든다.
> • 그러므로 _____

① 사색과 예술은 진정한 의미에서 차이가 있다.
② 사색은 인간의 삶을 풍요롭게 만든다.
③ 예술가가 되려면 사색을 많이 해야 한다.
④ 사색은 예술이 태어나는 모태가 된다.
⑤ 인간의 삶은 풍요롭게 만들기는 어렵다.

 사색은 진정한 의미에서 예술이고, 예술은 인간의 삶을 풍요롭게 만든다고 했으므로, 사색은 인간의 삶을 풍요롭게 만든다.

Answer 9.② 10.④ 11.④ 12.②

13 A, B, C, D, E 5명이 다음과 같이 일렬로 서있다고 할 때, 다음 중 뒤에서 두 번째에 있는 사람은?

> • A는 B의 바로 앞에 서 있다.
> • A는 C보다 뒤에 있다.
> • E는 A보다 앞에 있다.
> • D와 E 사이에는 2명이 서 있다.

① A

② B

③ C

④ D

⑤ E

 조건에 따르면 C − E − A − B − D의 순서가 된다. 따라서 두 번째에 있는 사람은 B이다.

14 다음 사실을 토대로 확실하게 알 수 있는 것은?

> • 나무를 좋아하는 사람은 새를 좋아한다.
> • 자연을 좋아하는 사람은 꽃을 좋아하며 숲을 좋아한다.
> • 숲을 좋아하는 사람은 나무를 좋아한다.

① 숲을 좋아하는 사람은 꽃을 좋아한다.

② 꽃을 좋아하는 사람은 자연을 좋아한다.

③ 새를 좋아하는 사람은 자연을 좋아한다.

④ 자연을 좋아하는 사람은 새를 좋아한다.

⑤ 꽃을 좋아하는 사람은 새를 좋아한다.

 자연을 좋아한다→숲을 좋아한다→나무를 좋아한다→새를 좋아한다

15 원형 탁자에 A, B, C, D, E, F 6명이 앉아서 토론을 한다. A의 한 사람 건너뛰어 옆에는 B가 앉아 있고, C의 맞은편에는 F가 있다. E의 오른쪽에 한 사람을 건너뛰면 D가 앉아있다. 다음 중 틀린 것은?

① B의 맞은편에는 E일 수 있다.

② A의 맞은편에는 E일 수 있다.

③ B의 옆에는 D일 수 있다.

④ A의 맞은편에는 C일 수 있다.

⑤ A의 옆에는 D일 수 있다.

> (Tip) 문제에서 C의 맞은편에 F가 있다고 했으므로 A가 C의 맞은편에 올 수는 없다.

16 일우, 재우, 태우, 준우 4명의 어린이가 있다. 신장을 쟀더니 다음과 같은 사항을 알 수 있었다. 가장 키가 큰 사람은?

> • 일우는 태우보다 키가 작다.
> • 재우는 준우보다 키가 크다.
> • 태우는 재우보다 키가 크다.

① 일우　　　　　　　　　　　　② 재우

③ 태우　　　　　　　　　　　　④ 준우

⑤ 알 수 없다.

> (Tip) 첫 번째 조건에 의하여 태우 > 일우가 된다.
> 두 번째, 세 번째 조건에 의하여 태우 > 재우 > 준우가 된다.
> 따라서 태우의 키가 가장 크다.

17 A, B, C, D 총 4명이 프리젠테이션을 하고 있다. 다음 조건이라면 가장 먼저 토론을 하는 사람은 누구인가?

> • A는 B보다 먼저 한다.
> • C는 D보다 먼저 한다.
> • D는 A보다 먼저 한다.

① A

② B

③ C

④ D

⑤ 알 수 없다.

 C - D - A - B의 순서가 된다. 따라서 가장 먼저 토론을 하는 사람은 C이다.

18 제시된 조건을 읽고, 다음 중 항상 옳지 않은 것은?

> • 신입사원 A, B, C, D, E, F, G는 인사부, 총무부, 관리부에 배치된다.
> • 신입사원이 배치되지 않는 부서는 없다.
> • C는 인사부에 배치되지 않는다.
> • 관리부에는 신입사원 중 한 사람만 배치된다.
> • F와 G는 함께 배치되는데, 인사부에는 배치되지 않는다.
> • 인사부에는 신입사원 중 두 사람이 배치된다.
> • A, B, C가 배치되는 부서는 모두 다르다.

① 총무부에 배치되는 신입사원은 4명이다.

② 배치되는 부서가 확실히 결정되는 사람은 한 사람뿐이다.

③ A와 F는 배치되는 부서가 서로 다르다.

④ E와 G는 배치되는 부서가 서로 같다.

⑤ C와 E는 총무부에 배치될 수 있다.

 ② 배치되는 부서가 확실히 결정되는 사람은 총무부의 F와 G이므로 2명이다.

19 다음 조건을 보고, 옳은 것을 고르면?

> • 철수는 사과를 3개 받았다.
> • 영수는 사과를 4개 받았다.
> • 순희는 사과를 5개 받았다.

① 영수가 가장 많다.

② 순희가 가장 많다.

③ 영수가 가장 적다.

④ 순희가 가장 적다.

⑤ 철수가 가장 많다.

 순희>영수>철수의 순이므로 순희가 가장 많다.

20 A의원, B의원, C의원이 있다. 이 중에 한 명만 얼마 전 청와대로부터 입각을 제의 받았다고 한다. 이것을 안 언론이 이들과 인터뷰를 통해서 누가 입각을 제의받았는지 알아내고자 한다. 의원들은 대답을 해주었지만, 이들이 한 말이 거짓인지 진실인지는 알 수 없다. 다음을 참고로 입각을 받는 사람과 그 사람의 말이 참말인지 거짓말인지를 고르면?

> • A의원 : 나는 입각을 제의 받았다.
> • B의원 : 나도 입각을 제의 받았다.
> • C의원 : 우리들 가운데 많아야 한 명만이 참말을 했다.

① A – 참말　　　　　　　　② B – 참말

③ B – 거짓말　　　　　　　④ C – 참말

⑤ C – 거짓말

 만약 C의원의 말이 거짓이라면 참말을 한 사람은 한 명이 아니다. 그렇다면 A의원과 B의원의 말이 참이 되어, 두 사람 모두 입각을 제의받은 것이 된다. 한 명만 입각을 제의받았다고 했으므로 C의원의 말은 참말이 된다.

Answer↪ 17.③ 18.② 19.② 20.④

21 호동, 수근, 지원, 승기 4명의 학생 중 한 명이 결석을 했다. 다음 진술 중 오직 하나만이 참일 때 결석한 학생과 바르게 말한 학생을 차례대로 적은 것은?

> • 호동 : 수근이 결석했어.
> • 수근 : 승기가 결석했어.
> • 지원 : 나는 결석 안했어.
> • 승기 : 수근이의 말은 거짓이야.

① 호동, 지원
② 수근, 승기
③ 승기, 수근
④ 지원, 승기
⑤ 지원, 수근

 호동이 결석한 경우 : 지원, 승기→참
수근이 결석한 경우 : 호동, 지원, 승기→참
지원이 결석한 경우 : 승기→참
승기가 결석한 경우 : 수근, 지원→참
따라서 결석한 사람은 지원이고, 승기의 말만 참이 된다.

22 수덕, 원태, 광수는 임의의 순서로 빨간색, 파란색, 노란색 지붕을 가진 집에 나란히 이웃하여 살고, 개, 고양이, 원숭이라는 서로 다른 애완동물을 기르며, 광부·농부·의사라는 서로 다른 직업을 갖는다. 알려진 정보가 다음과 같을 때, 옳은 것은?

- 광수는 광부이다.
- 가운데 집에 사는 사람은 개를 키우지 않는다.
- 농부와 의사의 집은 서로 이웃해 있지 않다.
- 노란 지붕 집은 의사의 집과 이웃해 있다.
- 파란 지붕 집에 사는 사람은 고양이를 키운다.
- 원태는 빨간 지붕 집에 산다.

① 수덕은 빨간 지붕 집에 살지 않고, 원태는 개를 키우지 않는다.
② 노란 지붕 집에 사는 사람은 원숭이를 키우지 않는다.
③ 원태는 고양이를 키운다.
④ 수덕은 개를 키우지 않는다.
⑤ 원태는 농부다.

 농부와 의사의 집은 서로 이웃해 있지 않으므로, 가운데 집에는 광부가 산다. 가운데 집에 사는 사람은 광수이고, 개를 키우지 않는다. 파란색 지붕 집에 사는 사람이 고양이를 키우므로, 광수는 원숭이를 키운다. 노란 지붕 집은 의사의 집과 이웃해 있으므로, 가운데 집의 지붕은 노란색이다. 따라서 수덕은 파란색 지붕 집에 살고 고양이를 키운다. 원태는 빨간색 지붕 집에 살고 개를 키운다.

Answer⌐→ 21.④ 22.④

23 S씨는 자신의 재산을 운용하기 위해 자산에 대한 설계를 받고 싶어 한다. S씨는 자산 설계사 A ~ E를 만나 조언을 들었다. 그런데 이들 자산 설계사들은 주 투자처에 대해서 모두 조금씩 다르게 추천을 해주었다. 해외펀드, 해외부동산, 펀드, 채권, 부동산이 그것들이다. 다음을 따를 때, A와 E가 추천한 항목은?

- S씨는 A와 D와 펀드를 추천한 사람과 같이 식사를 한 적이 있다.
- 부동산을 추천한 사람은 A와 C를 개인적으로 알고 있다.
- 채권을 추천한 사람은 B와 C를 싫어한다.
- A와 E는 해외부동산을 추천한 사람과 같은 대학에 다녔었다.
- 해외펀드를 추천한 사람과 부동산을 추천한 사람은 B와 같이 한 회사에서 근무한 적이 있다.
- C와 D는 해외부동산을 추천한 사람과 펀드를 추천한 사람을 비난한 적이 있다.

① 펀드, 해외펀드　　　　　　　② 채권, 펀드
③ 부동산, 펀드　　　　　　　　④ 채권, 부동산
⑤ 펀드, 부동산

 조건대로 하나씩 채워나가면 다음과 같다.

	A	B	C	D	E
해외펀드	×	×	○	×	×
해외부동산	×	○	×	×	×
펀드	×	×	×	×	○
채권	○	×	×	×	×
부동산	×	×	×	○	×

A와 E가 추천한 항목은 채권, 펀드이다.

24 어느 과학자는 자신이 세운 가설을 입증하기 위해서 다음과 같은 논리적 관계가 성립하는 여섯 개의 진술 A, B, C, D, E, F의 진위를 확인해야 한다는 것을 발견하였다. 그러나 그는 이들 중 F가 거짓이라는 것과 다른 한 진술이 참이라는 것을 이미 알고 있었기 때문에, 나머지 진술들의 진위를 확인할 필요가 없었다. 이 과학자가 이미 알고 있었던 참인 진술은?

> • B가 거짓이거나 C가 참이면, A는 거짓이다.
> • C가 참이거나 D가 참이면, B가 거짓이고 F는 참이다.
> • C가 참이거나 E가 거짓이면, B가 거짓이거나 F가 참이다.

① A   ② B
③ C   ④ D
⑤ E

 두 번째 조건의 대우 : B가 참이거나 F가 거짓이면, C는 거짓이고 D도 거짓이다.
→C도 거짓, D도 거짓
세 번째 조건의 대우 : B가 거짓이고 F가 거짓이면, C는 거짓이고 E는 참이다.
→B를 모르기 때문에 E에 대해 확신할 수 없다.
첫 번째 조건의 대우 : A가 참이면, B가 참이고 C가 거짓이다.
따라서 A가 참이라는 것을 알면, B가 참이라는 것을 알고, 세 번째 조건의 대우에서 E가 참이라는 것을 알 수 있다.

25 일본과의 국가대표 축구 대항전을 맞이하여 한국 대표팀은 모두 해외파와 국내파를 다 동원해서 시합을 치르려고 한다. 대표팀원들은 지금 파주 트레이닝 센터로 속속들이 모여들고 있다. 신문기자인 A씨는 파주 트레이닝 센터에 입소하는 기사를 쓰려고 요청하였는데 자료 전달과정에서 한 정보가 누락되어 완벽한 순서를 복원해내지 못했다. 어떤 정보가 있어야 완벽한 순서가 복원되는가?

> • 영표는 지성보다는 먼저 입소했지만 청용보다는 나중에 왔다.
> • 성용은 주영보다 나중에 입소했지만 두리보다는 먼저 왔다.
> • 주영은 영표보다는 나중에 입소했지만 지성보다는 먼저 왔다.
> • 두현은 영표보다는 먼저 입소하였지만 정수보다는 나중에 입소하였다.
> • 청용이 가장 먼저 오지는 않았으며, 두리가 제일 마지막으로 온 것은 아니다.

① 정수와 두현이 인접하여 입소하지는 않았다.
② 성용과 두리가 인접하여 입소하지는 않았다.
③ 정수는 지성보다 먼저 입소하였다.
④ 영표와 성용이 인접하여 입소한 것은 아니다.
⑤ 두리는 지성보다 먼저 입소하였다.

 청용 – 영표 – 지성
주영 – 성용 – 두리
영표 – 주영 – 지성
정수 – 두현 – 영표
종합해보면 다음과 같다.
영표 – 주영 – 성용 – 두리 – 지성
정수, 두형, 청용의 위치는 ①과 같이 진술하면 정리가 되므로 순서가 확정된다.

| 26~30 | 다음 중 제시된 오류와 같은 오류를 저지르고 있는 예를 고르시오.

26

> 사장님, 저에게는 먹여 살려야 할 부모님과 아내, 어린 아이들이 있으니 월급을 더 올려주셔야 합니다.

① 엄마, 저도 나○키 운동화 사주세요. 우리 반 애들 모두 신고 다닌다고요.

② 당신도 찬성하는 거죠? 이런 상황에서 반대하는 사람은 제 정신이 아닐 거예요.

③ 판사님, 저는 부양해야 할 병든 노모가 있습니다. 제발 선처를 부탁드립니다.

④ 외계인이 없다는 과학적 근거는 없으므로 외계인은 있다.

⑤ 까마귀가 날자마자 배가 떨어졌으니, 배가 떨어진 것은 까마귀 때문이야.

 제시된 문장은 동정, 연민, 증오 등 감정에 호소해서 논지를 받아들이게 하는 '감정에 호소하는 오류'를 저지르고 있다.
① 군중에 호소하는 오류
② 원천 봉쇄의 오류
④ 무지에 호소하는 오류
⑤ 잘못된 인과관계의 오류

27

> 보충수업을 받지 않는 걸 보니 철수는 대학 진학을 포기한 것 같아.

① 담배는 암을 유발하는데, 자네가 담배를 피우는 것을 보니 암이 걸리고 싶은 게로군.

② 염화나트륨은 독성이 없으므로, 염소와 나트륨도 독성이 없다.

③ (경찰이 절도 혐의자에게) 당신, 훔친 돈으로 뭘 했지?

④ 아버지는 고춧가루를 푼 소주를 마시고 감기가 나았다. 따라서 감기에 걸리면 고춧가루 푼 소주를 마셔야 한다.

⑤ 동물들은 자기와 같은 종류의 동물들하고만 생활한다. 늑대와 양처럼 부자와 가난한 사람도 함께 생활할 수 없다.

 제시된 문장은 상대방의 말이나 행동의 의도를 확대 해석하여 주장하는 '의도 확대의 오류'를 저지르고 있다.
② 분해의 오류
③ 복합질문의 오류
④ 잘못된 인과관계의 오류
⑤ 잘못된 유추의 오류

Answer ➜ 25.① 26.③ 27.①

28

> 수진이는 오늘 지각을 한 걸 보니, 다른 때도 마찬가지겠구나.

① 이 화장품은 정말 좋아. 유명 정치가가 그랬어.
② 내가 뭘 잘못했다고 그래? 너도 예전에 그랬잖아.
③ 전과자 출신이 하는 말을 어떻게 믿겠어.
④ 내 부탁을 거절하는 걸 보니 나를 싫어하는구나.
⑤ 하나를 보면 열을 안다고, 더 안 봐도 뻔해.

 제시된 문장은 제한된 정보만을 가지고 일반화하여 생각하는 '성급한 일반화의 오류'를 저지르고 있다.
　① 부적합한 권위에 호소하는 오류
　② 피장파장의 오류
　③ 인신공격의 오류
　④ 흑백논리의 오류

29

> A : 불우이웃 돕기에 1억을 기부하다니, 그 사람은 큰 사람이 틀림없어.
> B : 크긴 뭐가 커. 그 사람은 나보다도 키가 작은 걸.

① 3과 5는 홀수이니 3과 5을 더한 8도 홀수다.
② 모든 인간은 죄인이다. 따라서 모든 인간은 감옥에 가야 한다.
③ 그녀는 진실만을 말하는 사람이다. 왜냐하면 그녀는 거짓말을 하지 않는 사람이기 때문이다.
④ 이제 다시는 나를 모함하지 않겠지?
⑤ 너희가 이만큼이라도 살아가는 건 다 내가 밤낮으로 기도하는 덕이란 걸 알아야 해.

 제시된 상황은 두 가지 이상의 의미를 가진 말을 잘못 이해하여 발생하는 '애매어의 오류'에 해당한다.
　① 결합의 오류
　③ 선결문제 요구의 오류
　④ 복합질문의 오류
　⑤ 원인 오판의 오류

30

> 국가보안법을 폐지해서는 안 됩니다. 국가보안법 폐지를 주장하는 사람은 빨갱이입니다.

① 우리 회사의 비타민을 먹는 사람이 천만 명을 넘었습니다. 그러므로 우리 회사 비타민이 가장 좋은 제품입니다.

② 미친 사람은 정신병원에 가야 한다. 요즘 같은 세상에 뇌물을 거절하다니, 그는 미친 것이 틀림없다. 따라서 그는 정신병원에 가야 한다.

③ 선생님께서 친구를 험담하면 안 된다고 하셨어. 그럼 가족은 험담해도 되겠네?

④ 나를 타락했다고 비난하는 사람은 자신이 미미 타락했다는 것을 증명하는 것입니다.

⑤ 얼마나 더 살지 모르는 팔십 노인에게 10년형이라니요? 너무한 것 아닙니까?

 제시된 문장은 제한된 반론의 가능성이 있는 요소를 원천적으로 비난하여 봉쇄하는 '원천봉쇄의 오류'를 저지르고 있다.
① 군중에 호소하는 오류
② 은밀한 재정의의 오류
③ 강조의 오류
⑤ 감정에 호소하는 오류

Answer→ 28.⑤ 29.② 30.④

수리자료해석

1 다음은 A 자치구가 관리하는 전체 13개 문화재 보수공사 추진현황을 정리한 자료이다. 이에 대한 설명 중 옳은 것은?

(단위 : 백만 원)

문화재 번호	공사내용	사업비				공사기간	공정
		국비	시비	구비	합계		
1	정전 동문보수	700	300	0	1,000	2008. 1. 3 ~2008. 2.15	공사 완료
2	본당 구조보강	0	1,106	445	1,551	2006.12.16 ~2008.10.31	공사 완료
3	별당 해체보수	0	256	110	366	2007.12.28 ~2008.11.26	공사 중
4	마감공사	0	281	49	330	2008. 3. 4 ~2008.11.28	공사 중
5	담장보수	0	100	0	100	2008. 8.11 ~2008.12.18	공사 중
6	관리실 신축	0	82	0	82	계획 중	
7	대문 및 내부 담장공사	17	8	0	25	2008.11.17 ~2008.12.27	공사 중
8	행랑채 해체보수	45	45	0	90	2008.11.21 ~2009. 6.19	공사 중
9	벽면보수	0	230	0	230	2008.11.10 ~2009. 9. 6	공사 중
10	방염공사	9	9	0	18	2008.11.23 ~2008.12.24	공사 중
11	소방·전기 공사	0	170	30	200	계획 중	
12	경관조명 설치	44	44	0	88	계획 중	
13	단청보수	67	29	0	96	계획 중	

※ 공사는 제시된 공사기간에 맞추어 완료하는 것으로 가정함.

① 이 표가 작성된 시점은 2008년 11월 10일 이전이다.

② 전체 사업비 중 시비와 구비의 합은 전체 사업비의 절반 이하이다.

③ 사업비의 80% 이상을 시비로 충당하는 문화재 수는 전체의 50% 이상이다.

④ 국비를 지원 받지 못하는 문화재 수는 구비를 지원 받지 못하는 문화재 수보다 적다.

⑤ 공사 중인 문화재사업비 합은 공사완료된 문화재사업비 합의 50% 이상이다.

④ 국비를 지원받지 못하는 문화재 수는 7개, 구비를 지원받지 못하는 문화재는 9개이다.

① 2008년 11월 10일에 공사를 시작한 문화재가 공사 중이라고 기록되어 있는 것으로 보아 2008년 11월 10일 이후에 작성된 것으로 볼 수 있다.

② 전체 사업비 총 합은 4,176이고 시비와 구비의 합은 3,294이다. 따라서 전체 사업비 중 시비와 구비의 합은 전체 사업비의 절반 이상이다.

③ 사업비의 80% 이상을 시비로 충당하는 문화재 수는 전체의 50% 이하이다.

⑤ 공사 중인 문화재사업비 합은 1,159이고, 공사완료된 문화재 사업비 합은 2,551로 50% 이하이다.

Answer 1.④

|2~4| 다음 〈표〉는 S전자 판매량과 실제 매출액 관계를 나타낸 것이다. 자료를 보고 물음에 답하시오.

제품명	판매량(만 대)	실제 매출액(억 원)
Z 냉장고	110	420
H 에어컨	100	408
H 김치냉장고	100	590
청소기	80	463
세탁기	80	435
살균건조기	80	422
공기청정기	75	385
Z 전자레인지	60	356

2 Z 냉장고와 Z 전자레인지는 판매량에서 몇 배나 차이가 나는가? (단, 소수 둘째 자리까지 구하시오.)

① 1.62

② 1.83

③ 2.62

④ 3.14

⑤ 5.25

 $110 \div 60 ≒ 1.83$

3 예상 매출액은 '판매량 × 2 + 100'이라고 할 때, 예상 매출액과 실제 매출액의 차이가 가장 작은 제품과 가장 큰 제품이 바르게 짝지어진 것은?

차이가 가장 작은 제품	차이가 가장 큰 제품
① H 에어컨	H 김치냉장고
② Z 전자레인지	청소기
③ Z 냉장고	H 김치냉장고
④ H 에어컨	청소기
⑤ Z 냉장고	Z 전자레인지

 각 제품의 예상 매출액을 구해보면 Z 냉장고는 320(억 원)으로 실제 매출액과 100(억 원)이 차이가 나고, H 에어컨은 108(억 원)이, H 김치냉장고는 290(억 원), 청소기는 203(억 원), 세탁기는 175(억 원), 살균건조기는 162(억 원), 공기청정기는 135(억 원), Z 전자레인지는 136(억 원)이 차이가 난다.

4 표에 제시된 제품들로 구성된 전체 매출액에서 H 김치냉장고가 차지하는 비율은? (단, 소수 첫째 자리에서 반올림한다.)

① 17(%)　　　　　　　　　　② 18(%)

③ 19(%)　　　　　　　　　　④ 21(%)

⑤ 22(%)

 $\dfrac{H \text{ 김치냉장고 매출액}}{\text{전체 매출액}} \times 100 = \dfrac{590}{3,479} \times 100 ≒ 16.96(\%)$

Answer → 2.② 3.③ 4.①

5 다음은 '갑'지역의 친환경농산물 인증심사에 대한 자료이다. 2011년부터 인증심사원 1인당 연간 심사할 수 있는 농가수가 상근직은 400호, 비상근직은 250호를 넘지 못하도록 규정이 바뀐다고 할 때, 〈조건〉을 근거로 예측한 내용 중 옳지 않은 것은?

'갑'지역의 인증기관별 인증현황(2010년)

(단위 : 호, 명)

인증기관	심사 농가수	승인 농가수	인증심사원		
			상근	비상근	합
A	2,540	542	4	2	6
B	2,120	704	2	3	5
C	1,570	370	4	3	7
D	1,878	840	1	2	3
계	8,108	2,456	11	10	21

※ 1) 인증심사원은 인증기관 간 이동이 불가능하고 추가고용을 제외한 인원변동은 없음.
　　2) 각 인증기관은 추가 고용 시 최소인원만 고용함.

〈조건〉

• 인증기관의 수입은 인증수수료가 전부이고, 비용은 인증심사원의 인건비가 전부라고 가정한다.
• 인증수수료 : 승인농가 1호당 10만 원
• 인증심사원의 인건비는 상근직 연 1,800만 원, 비상근직 연 1,200만 원이다.
• 인증기관별 심사 농가수, 승인 농가수, 인증심사원 인건비, 인증수수료는 2010년과 2011년에 동일하다.

---

① 2010년에 인증기관 B의 수수료 수입은 인증심사원 인건비 보다 적다.

② 2011년 인증기관 A가 추가로 고용해야 하는 인증심사원은 최소 2명이다.

③ 인증기관 D가 2011년에 추가로 고용해야 하는 인증심사원을 모두 상근으로 충당한다면 적자이다.

④ 만약 정부가 '갑'지역에 2010년 추가로 필요한 인증심사원을 모두 상근으로 고용하게 하고 추가로 고용되는 상근 심사원 1인당 보조금을 연 600만 원씩 지급한다면 보조금 액수는 연간 5,000만 원 이상이다.

⑤ 만약 2010년 인증수수료 부과기준이 '승인 농가'에서 '심사 농가'로 바뀐다면, 인증수수료 수입액이 가장 많이 증가하는 인증기관은 A이다.

④ 2011년부터 인증심사원 1인당 연간 심사할 수 있는 농가수가 상근직은 400호, 비상근직은 250호를 넘지 못하도록 규정이 바뀐다고 할 때 A지역에는 (4 × 400호) + (2 × 250호) = 2,100이므로 440개의 심사 농가 수에 추가의 인증심사원이 필요하다. 그런데 모두 상근으로 고용할 것이고 400호 이상을 심사할 수 없으므로 추가로 2명의 인증심사원이 필요하다. 그리고 같은 원리로 B지역도 2명, D지역에서는 3명의 추가의 상근 인증심사원이 필요하다. 따라서 총 7명을 고용해야 하며 1인당 지급되는 보조금이 연간 600만 원이라고 했으므로 보조금 액수는 4,200만 원이 된다.

Answer ↱ 5.④

6 다음은 A 회사의 2000년과 2010년의 출신 지역 및 직급별 임직원 수에 대한 자료이다. 이에 대한 설명으로 옳지 않은 것은?

2000년의 출신 지역 및 직급별 임직원 수

(단위 : 명)

직급 \ 지역	서울·경기	강원	충북	충남	경북	경남	전북	전남	합계
이사	0	0	1	1	0	0	1	1	4
부장	0	0	1	0	0	1	1	1	4
차장	4	4	3	3	2	1	0	3	20
과장	7	0	7	4	4	5	11	6	44
대리	7	12	14	12	7	7	5	18	82
사원	19	38	41	37	11	12	4	13	175
합계	37	54	67	57	24	26	22	42	329

2010년의 출신 지역 및 직급별 임직원 수

(단위 : 명)

직급 \ 지역	서울·경기	강원	충북	충남	경북	경남	전북	전남	합계
이사	3	0	1	1	0	0	1	2	8
부장	0	0	2	0	0	1	1	0	4
차장	3	4	3	4	2	1	1	2	20
과장	8	1	14	7	6	7	18	14	75
대리	10	14	13	13	7	6	2	12	77
사원	12	35	38	31	8	11	2	11	148
합계	36	54	71	56	23	26	25	41	332

① 출신 지역을 고려하지 않을 때, 2000년 대비 2010년에 직급별 인원의 증가율은 이사 직급에서 가장 크다.

② 출신 지역별로 비교할 때, 2010년의 경우 해당 지역 출신 임직원 중 과장의 비율은 전라북도가 가장 높다.

③ 2000년에 비해 2010년에 과장의 수는 증가하였다.

④ 2000년에 비해 2010년에 대리의 수가 늘어난 출신 지역은 대리의 수가 줄어든 출신 지역에 비해 많다.

⑤ 2000년에 비해 2010년에 대리의 수가 늘어난 출신 지역은 서울·경기, 강원, 충남이다.

(Tip) 2000년에 비해 2010년에 대리의 수가 늘어난 출신 지역은 서울·경기, 강원, 충남 3곳이고, 대리의 수가 줄어든 출신 지역은 충북, 경남, 전북, 전남 4곳이다.

투자안	판매단가(원/개)	고정비(원)	변동비(원/개)
A	2	20,000	1.5
B	2	60,000	1.0

1) 매출액＝판매단가×매출량(개)
2) 매출원가＝고정비＋(변동비×매출량(개))
3) 매출이익＝매출액－매출원가

7 위의 투자안 A와 B의 투자 조건을 보고 매출량과 매출이익을 해석한 것으로 옳은 것은?

① 매출량 증가폭 대비 매출이익의 증가폭은 투자안 A가 투자안 B보다 항상 작다.

② 매출량 증가폭 대비 매출이익의 증가폭은 투자안 A가 투자안 B보다 항상 크다.

③ 매출량 증가폭 대비 매출이익의 증가폭은 투자안 A와 투자안 B가 항상 같다.

④ 매출이익이 0이 되는 매출량은 투자안 A가 투자안 B보다 많다.

⑤ 매출이익이 0이 되는 매출량은 투자안 A가 투자안 B가 같다.

(Tip) ①②③ 매출량 증가폭 대비 매출이익의 증가폭은 기울기를 의미하는 것이다.

매출량을 x, 매출이익을 y라고 할 때,

A는 $y = 2x - (20,000 + 1.5x) = -20,000 + 0.5x$

B는 $y = 2x - (60,000 + 1.0x) = -60,000 + x$

따라서 A의 기울기는 0.5, B의 기울기는 1이 돼서 매출량 증가폭 대비 매출이익의 증가폭은 투자안 A가 투자안 B보다 항상 작다.

④⑤ A의 매출이익은 매출량 40,000일 때 0이고, B의 매출이익은 매출량이 60,000일 때 0이 된다. 따라서 매출이익이 0이 되는 매출량은 투자안 A가 투자안 B보다 작다.

Answer✍➔ 6.④ 7.①

8 매출량이 60,000개라고 할 때, 투자안 A와 투자안 B를 비교한 매출이익은 어떻게 되겠는가?

① 투자안 A가 투자안 B보다 같다.

② 투자안 A가 투자안 B보다 작다.

③ 투자안 A가 투자안 B보다 크다.

④ 제시된 내용만으로 비교할 수 없다.

⑤ 투자안 A가 투자안 B보다 5,000원 크다.

 ㉠ A의 매출이익
- 매출액=$2 \times 60,000 = 120,000$
- 매출원가=$20,000 + (1.5 \times 60,000) = 110,000$
- 매출이익=$120,000 - 110,000 = 10,000$

㉡ B의 매출이익
- 매출액=$2 \times 60,000 = 120,000$
- 매출원가=$60,000 + (1.0 \times 60,000) = 120,000$
- 매출이익=$120,000 - 120,000 = 0$

∴ 투자안 A가 투자안 B보다 크다.

9 다음은 서울 및 수도권 지역의 가구를 대상으로 난방방식 현황 및 난방연료 사용현황에 대해 조사한 자료이다. 이에 대한 설명 중 옳은 것을 모두 고르면?

난방방식 현황

(단위 : %)

종류	서울	인천	경기남부	경기북부	전국평균
중앙난방	22.3	13.5	6.3	11.8	14.4
개별난방	64.3	78.7	26.2	60.8	58.2
지역난방	13.4	7.8	67.5	27.4	27.4

난방연료 사용현황

(단위 : %)

종류	서울	인천	경기남부	경기북부	전국평균
도시가스	84.5	91.8	33.5	66.1	69.5
LPG	0.1	0.1	0.4	3.2	1.4
등유	2.4	0.4	0.8	3.0	2.2
열병합	12.6	7.4	64.3	27.1	26.6
기타	0.4	0.3	1.0	0.6	0.3

ㄱ 난방연료 사용현황의 경우, 도시가스를 사용하는 가구 비율은 인천이 가장 크다.
ㄴ 서울과 인천지역에서는 다른 난방연료보다 도시가스를 사용하는 비율이 높다.
ㄷ 지역난방을 사용하는 가구 수는 서울이 인천의 2배 이하이다.
ㄹ 경기지역은 남부가 북부보다 지역난방을 사용하는 비율이 낮다.

① ㄱㄴ
② ㄱㄷ
③ ㄱㄹ
④ ㄴㄹ
⑤ ㄷㄹ

 ㄷ 자료에서는 서울과 인천의 가구 수를 알 수 없다.
ㄹ 남부가 북부보다 지역난방을 사용하는 비율이 높다.

Answer 8.③ 9.①

10 다음은 어떤 지역의 연령층·지지 정당별 사형제 찬반에 대한 설문조사 결과이다. 이에 대한 설명 중 옳은 것을 고르면?

(단위 : 명)

연령층	지지정당	사형제에 대한 태도	빈도
청년층	A	찬성	90
		반대	10
	B	찬성	60
		반대	40
장년층	A	찬성	60
		반대	10
	B	찬성	15
		반대	15

> ㉠ 청년층은 장년층보다 사형제에 반대하는 사람의 수가 적다.
> ㉡ B당 지지자의 경우, 청년층은 장년층보다 사형제 반대 비율이 높다.
> ㉢ A당 지지자의 사형제 찬성 비율은 B당 지지자의 사형제 찬성 비율보다 높다.
> ㉣ 사형제 찬성 비율의 지지 정당별 차이는 청년층보다 장년층에서 더 크다.

① ㉠㉡ 　　　　　　　　　② ㉠㉣

③ ㉡㉢ 　　　　　　　　　④ ㉡㉣

⑤ ㉢㉣

 ㉠ 청년층 중 사형제에 반대하는 사람 수(50명)＞장년층에서 반대하는 사람 수(25명)

㉡ B당을 지지하는 청년층에서 사형제에 반대하는 비율 : $\dfrac{40}{40+60}=40\%$

B당을 지지하는 장년층에서 사형제에 반대하는 비율 : $\dfrac{15}{15+15}=50\%$

㉢ A당은 찬성 150, 반대 20, B당은 찬성 75, 반대 55의 비율이므로 A당의 찬성 비율이 높다.

㉣ 청년층에서 A당 지지자의 찬성 비율 : $\dfrac{90}{90+10}=90\%$

청년층에서 B당 지지자의 찬성 비율 : $\dfrac{60}{60+40}=60\%$

장년층에서 A당 지지자의 찬성 비율 : $\dfrac{60}{60+10}≒86\%$

장년층에서 B당 지지자의 찬성 비율 : $\dfrac{15}{15+15}=50\%$

따라서 사형제 찬성 비율의 지지 정당별 차이는 청년층보다 장년층에서 더 크다.

11 다음은 A도시의 생활비 지출에 관한 자료이다. 연령에 따른 전년도 대비 지출 증가비율을 나타낸 것이라 할 때 작년에 비해 가게운영이 더 어려웠을 가능성이 높은 업소는?

연령(세) 품목	24 이하	25~29	30~34	35~39	40~44	45~49	50~54	55~59	60~64	65 이상
식료품	7.5	7.3	7.0	5.1	4.5	3.1	2.5	2.3	2.3	2.1
의류	10.5	12.7	-2.5	0.5	-1.2	1.1	-1.6	-0.5	-0.5	-6.5
신발	5.5	6.1	3.2	2.7	2.9	-1.2	1.5	1.3	1.2	-1.9
의료	1.5	1.2	3.2	3.5	3.2	4.1	4.9	5.8	6.2	7.1
교육	5.2	7.5	10.9	15.3	16.7	20.5	15.3	-3.5	-0.1	-0.1
교통	5.1	5.5	5.7	5.9	5.3	5.7	5.2	5.3	2.5	2.1
오락	1.5	2.5	-1.2	-1.9	-10.5	-11.7	-12.5	-13.5	-7.5	-2.5
통신	5.3	5.2	3.5	3.1	2.5	2.7	2.7	-2.9	-3.1	-6.5

① 30대 후반이 주로 찾는 의류 매장

② 중학생 대상의 국어 · 영어 · 수학 학원

③ 30대 초반의 사람들이 주로 찾는 볼링장

④ 65세 이상 사람들이 자주 이용하는 마을버스 회사

⑤ 20대 후반이 주로 찾는 의류 매장

(Tip) 마이너스가 붙은 수치들은 전년도에 비해 지출이 감소했음을 뜻하므로 주어진 보기 중 마이너스 부호가 붙은 것을 찾으면 된다. 중학생 대상의 국 · 영 · 수 학원비 부담 계층은 대략 50세 이하인데 모두 플러스 부호에 해당하므로 전부 지출이 증가하였고, 30대 초반의 오락비 지출은 감소하였다.

Answer↱ 10.⑤ 11.③

12 다음 표는 A백화점의 판매비율 증가를 나타낸 것으로 전체 평균 판매증가비율과 할인기간의 판매증가비율을 구분하여 표시한 것이다. 주어진 조건을 고려할 때 A~F에 해당하는 순서대로 차례로 나열한 것은?

구분 월별	A		B		C		D		E		F	
	전체	할인	전체	할인	전체	할인	전체	할인	전체	할인	전체	할인
1	20.5	30.9	15.1	21.3	32.1	45.3	25.6	48.6	33.2	22.5	31.7	22.5
2	19.3	30.2	17.2	22.1	31.5	41.2	23.2	33.8	34.5	27.5	30.5	22.9
3	17.2	28.7	17.5	12.5	29.7	39.7	21.3	32.9	35.6	29.7	30.2	27.5
4	16.9	27.8	18.3	18.9	26.5	38.6	20.5	31.7	36.2	30.5	29.8	28.3
5	15.3	27.7	19.7	21.3	23.2	36.5	20.3	30.5	37.3	31.3	27.5	27.2
6	14.7	26.5	20.5	23.5	20.5	33.2	19.5	30.2	38.1	39.5	26.5	25.5

- ㉠ 의류, 냉장고, 보석, 핸드백, TV, 가구에 대한 표이다.
- ㉡ 가구는 1월에 비해 6월에 전체 평균 판매증가비율이 높아졌다.
- ㉢ 냉장고는 3월을 제외하고는 할인기간의 판매증가비율이 전체 평균 판매증가비율보다 크다.
- ㉣ 핸드백은 할인기간의 판매증가비율보다 전체 평균 판매증가비율이 더 크다.
- ㉤ 1월과 6월을 비교할 때 의류는 전체 평균 판매증가비율의 감소가 가장 크다.
- ㉥ 보석은 1월에 전체 평균 판매증가비율과 할인기간의 판매증가비율의 차이가 가장 크다.

① TV - 의류 - 보석 - 핸드백 - 가구 - 냉장고
② TV - 냉장고 - 의류 - 보석 - 가구 - 핸드백
③ 의류 - 보석 - 가구 - 냉장고 - 핸드백 - TV
④ 의류 - 냉장고 - 보석 - 가구 - 핸드백 - TV
⑤ 보석 - 냉장고 - 의류 - 가구 - 핸드백 - TV

(Tip) 주어진 표에 따라 조건을 확인해보면, 조건의 ㉡은 B, E가 해당하는데 ㉢에서 B가 해당하므로 ㉡은 E가 된다. ㉣은 F가 되고 ㉤은 C가 되며 ㉥은 D가 된다. 남은 것은 TV이므로 A는 TV가 된다. 그러므로 TV - 냉장고 - 의류 - 보석 - 가구 - 핸드백이 정답이다.

▌13~15▐ 다음은 A, B, C 대학 졸업생들 중 국내 대기업 ㈎, ㈏, ㈐, ㈑에 지원한 사람의 비율을 나타낸 것이다. 물음에 답하시오. (단, ( )안은 지원자 중 취업한 사람의 비율을 나타낸다.)

학교＼그룹	㈎ 그룹	㈏ 그룹	㈐ 그룹	㈑ 그룹	취업 희망자수
A 대학	60%(50%)	15%(80%)	㉠%(60%)	5%(90%)	800명
B 대학	55%(40%)	20%(65%)	12%(75%)	13%(90%)	700명
C 대학	75%(65%)	10%(70%)	4%(90%)	11%(㉡%)	400명

13 다음 중 ㉠에 해당하는 수는?

① 15%   ② 20%

③ 30%   ④ 35%

⑤ 42%

 $100 - (60 + 15 + 5) = 20(\%)$

14 C 대학 졸업생 중 ㈑그룹에 지원하여 취업한 사람이 모두 30명이라 할 때 ㉡에 알맞은 수는?

① 24%   ② 30%

③ 45%   ④ 68%

⑤ 72%

 지원자 수 $= 400 \times 0.11 = 44$(명)

44명 중 30명이 취업했으므로 그 비율은 $\frac{30}{44} \times 100 ≒ 68(\%)$

Answer ➔ 12.② 13.② 14.④

15 B 대학 졸업생 중 (다)그룹에 지원하여 취업한 사람은 모두 몇 명인가?

① 60명　　　　　　　　　　　　② 63명

③ 74명　　　　　　　　　　　　④ 84명

⑤ 92명

> (Tip)　지원자 수＝700×0.12＝84(명)
> 　　　　지원자 중 취업한 사람수＝84×0.75＝63(명)

16 다음은 세계 HDD/SSD 시장 및 중국 내 생산 비중 추이를 나타낸 것이다. 다음 중 옳지 않은 것은?

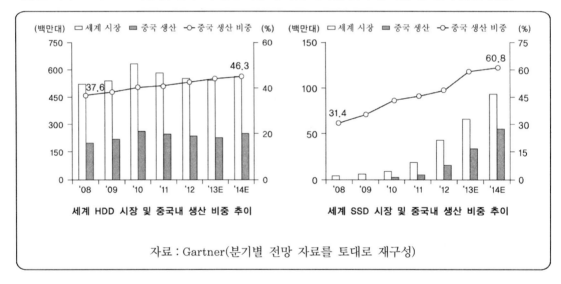

자료 : Gartner(분기별 전망 자료를 토대로 재구성)

① HDD의 중국 내 생산 비중은 꾸준히 증가해 왔다.

② SSD의 경우 중국 내 생산 비중은 2008년 약 31%에서 2014년 약 60%로 HDD를 추월하였다.

③ 세계 HDD 시장의 중국 생산은 꾸준히 증가해 왔다.

④ SSD의 중국 내 생산 비중은 꾸준히 증가해 왔다.

⑤ 세계 HDD 수요의 46%, SSD 수요의 60% 이상이 중국에서 생산된다.

> (Tip)　③ 2010 ~ 2013년은 세계 HDD 시장의 중국 생산이 감소하였다.

▎17~18▎ 다음은 교육복지지원 정책사업 내 단위사업 세출 결산 현황을 나타낸 표이다. 물음에 답하시오.

(단위 : 백만 원)

단위사업명	2013 결산액	2012 결산액	2011 결산액
총계	5,016,557	3,228,077	2,321,263
학비 지원	455,516	877,020	1,070,530
방과후교육 지원	636,291	−	−
급식비 지원	647,314	665,984	592,300
정보화 지원	61,814	64,504	62,318
농어촌학교 교육여건 개선	110,753	71,211	77,334
교육복지우선 지원	157,598	188,214	199,019
누리과정 지원	2,639,752	989,116	−
교과서 지원	307,519	288,405	260,218
학력격차해소	−	83,622	59,544

17 2012년 대비 2013년의 급식비 지원 증감률로 옳은 것은? (단, 소수 둘째 자리에서 반올림한다)

① −2.8%

② −1.4%

③ 2.8%

④ 10.5%

⑤ 12.4%

 $\dfrac{647,314-665,984}{665,984} \times 100 ≒ -2.8$

18 다음 중 2011년 대비 2012년의 증감률이 가장 높은 단위사업으로 옳은 것은?

① 학비 지원
② 정보화 지원
③ 농어촌학교 교육여건 개선
④ 교과서 지원
⑤ 학력격차해소

① $\dfrac{877,020-1,070,530}{1,070,530} \times 100 = -18.1(\%)$

② $\dfrac{64,504-62,318}{62,318} \times 100 = 3.5(\%)$

③ $\dfrac{71,211-77,334}{77,334} \times 100 = -7.9(\%)$

④ $\dfrac{288,405-260,218}{260,218} \times 100 = 10.8(\%)$

⑤ $\dfrac{83,622-59,544}{59,544} \times 100 = 40.4(\%)$

▌19~20▐ 다음은 연도별 유·초·중고등 휴직 교원의 사유에 관한 표이다. 물음에 답하시오.

(단위 : 명, %)

구분	휴직자계	질병	병역	육아	간병	동반	학업	기타
2013	28,562	1,202	1,631	20,826	721	927	327	2,928
2012	25,915	1,174	1,580	18,719	693	1,036	353	2,360
2011	22,882	1,019	1,657	15,830	719	1,196	418	2,043
2010	18,871	547	1,677	12,435	561	1,035	420	2,196
2009	16,111	532	1,359	10,925	392	1,536	559	808
2008	14,123	495	1,261	8,911	485	1,556	609	806
2007	11,119	465	1,188	6,098	558	1,471	587	752
2006	9,895	470	1,216	5,256	437	1,293	514	709
2005	8,848	471	1,071	4,464	367	1,120	456	899

19 다음 중 표에 관한 설명으로 옳지 않은 것은?

① 2005년부터 2013년까지 휴직의 사유를 보면 육아의 비중이 가장 높다.

② 2011년부터 2013년까지의 휴직의 사유 중 기타를 제외하고 비중이 높은 순서대로 나열하면 육아, 병역, 질병, 동반, 간병, 학업이다.

③ 2005년부터 2013년까지 휴직의 사유 중 병역은 항상 질병의 비중보다 높았다.

④ 2010년 휴직의 사유 중 간병은 질병의 비중보다 낮다.

⑤ 2012년부터는 휴직의 사유 중 육아가 차지하는 비중은 70%를 넘어서고 있다.

(Tip) ④ 2010년 휴직의 사유 중 간병은 질병의 비중보다 높다.

20 2007년 휴직의 사유 중 간병이 차지하는 비중으로 옳은 것은? (단, 소수 둘째자리에서 반올림한다)

① 2.2%   ② 3.6%

③ 4.2%   ④ 5.0%

⑤ 7.2%

(Tip) $\dfrac{558}{11,119} \times 100 ≒ 5.0(\%)$

21 다음 표는 한국의 농가와 비농가의 소득에 관한 자료이다. 이를 바탕으로 만든 관련 그래프로 옳지 않은 것을 고르면?

[표1] 원천별 가구당 농가소득

(단위 : 백 달러)

연도	농가소득(A+B)	농업소득(A)	농업 외 소득(B)
1971	106	41	65
1981	244	64	180
1991	572	122	450
2001	881	163	718

[표2] 농가와 비농가의 소득

(단위 : 백 달러)

연도	가구당 소득		1인당 소득	
	농가	비농가	농가	비농가
1971	106	210	17	30
1981	244	319	44	70
1991	572	737	124	181
2001	881	1136	224	321

① 연도별 농업소득과 농업 외 소득

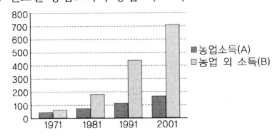

② 연도별 농가와 비농가의 1인당 소득

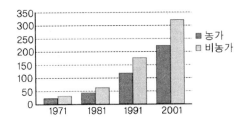

③ 연도별 농가와 비농가의 가구당 소득

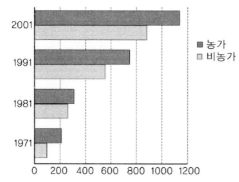

④ 연도별 농가소득

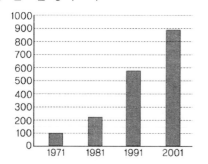

⑤ 2001년 농업소득과 농업 외 소득 비교

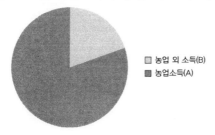

(Tip) ⑤ 농업소득(A)과 농업 외 소득(B)의 위치가 바뀌었다.

Answer↱→ 21.⑤

22 다음은 지역별 어음부도율과 지역·업종별 부도 법인 수를 나타낸 것이다. 다음 표를 분석한 내용으로 옳은 것은?

[표1] 지역별 어음부도율

(전자결제 조정 후, 단위 : %)

구분	2012년			
	1월	2월	3월	4월
전국	0.02	0.02	0.02	0.01
서울	0.01	0.01	0.01	0.01
지방	0.05	0.03	0.06	0.03

[표2] 지역·업종별 부도 법인 수

(단위 : 개)

구분	2012년			
	1월	2월	3월	4월
제조업	43	34	37	37
건설업	26	36	27	11
서비스업	48	54	36	39
기타	13	4	3	7
소계	130	128	103	94

※ 기타는 농림어업, 광업, 전기·가스·수도 등

> ㉠ 지방의 경기가 서울의 경기보다 더 빠르게 회복세를 보인다.
> ㉡ 제조업이 부도업체 전체에 차지하는 비율이 1월보다 4월이 높다.
> ㉢ 어음부도율이 낮아지는 현상은 국내 경기가 전월보다 회복세를 보이고 있다는 것으로 볼 수 있다.

① ㉠   ② ㉠, ㉡

③ ㉠, ㉢   ④ ㉡, ㉢

⑤ ㉠, ㉡, ㉢

㉠ 서울의 어음부도율은 차이가 없지만, 지방은 2월과 4월에 회복세를 보였다.

㉡ 1월 : $\frac{43}{130} \times 100 ≒ 33(\%)$, 4월 : $\frac{37}{94} \times 100 ≒ 39$

㉢ 어음부도율이 낮아지는 것은 국내경기가 전월보다 회복세를 보이고 있다는 것으로 볼 수 있다.

23 다음 표는 세계반도체 사업체의 세계시장 점유율 추이를 나타낸 것이다. A사의 점유율 증가율이 가장 큰 해는 언제인가?

구분	2012년	2013년	2014년	2015년	2016년
A사	5.8	6.1	6.5	7.2	7.9
B사	4.0	3.9	3.8	3.7	3.5
C사	3.0	3.3	2.9	2.7	2.6

① 2013년

② 2014년

③ 2015년

④ 2016년

⑤ 알 수 없다.

> (Tip) ③ 2015년과 2016년의 증가폭은 둘 다 0.7%p로 같지만, 증가율은 같은 증가폭일 경우 전년도 자료값이 적은 것이 크므로 증가율이 큰 해는 2015년이다.

24 다음 표는 우리나라 부패인식지수(CPI)연도별 변동 추이에 대한 표이다. 다음 중 옳지 않은 것은?

구분		2004	2005	2006	2007	2008	2009	2010
CPI	점수	4.5	5.0	5.1	5.1	5.6	5.5	5.4
	조사대상국	146	159	163	180	180	180	178
	순위	47	40	42	43	40	39	39
	백분율	32.3	25.2	25.8	23.9	22.2	21.6	21.9
OECD	회원국	30	30	30	30	30	30	30
	순위	24	22	23	25	22	22	22

※ 0~10점 : 점수가 높을수록 청렴

① CPI를 확인해 볼 때, 우리나라는 다른 해에 비해 2008년도에 가장 청렴하다고 볼 수 있다.

② CPI 순위는 2009년에 처음으로 30위권에 진입했다.

③ 청렴도가 가장 낮은 해와 2010년도의 청렴도 점수의 차이는 0.9점이다.

④ OECD 순위는 2004년부터 현재까지 상위권이라 볼 수 있다.

⑤ 우리나라의 평균 CPI 점수는 5.2점 이하이다.

> (Tip) ④ OECD 순위는 2004년부터 현재까지 하위권이라 볼 수 있다.

Answer→ 22.⑤ 23.③ 24.④

25 다음은 공급원별 골재채취 현황(구성비)에 대한 표이다. 이에 대한 해석으로 옳지 않은 것은?

구분	2005	2006	2007	2008	2009	2010
하천골재	16.6	19.8	21.3	14.8	17.0	9.9
바다골재	25.7	20.1	17.6	25.6	25.0	31.1
산림골재	48.8	53.1	54.5	52.5	52.0	53.4
육상골재	8.9	7.0	6.6	7.1	6.0	5.6
합계	100.0	100.0	100.0	100.0	100.0	100.0

① 하천골재가 차지하는 비중은 2007년에 가장 높고, 2010년에 가장 낮다.

② 다른 골재에 비해 산림골재가 차지하는 비중이 가장 높다.

③ 2007년 산림골재가 차지하는 비중은 2005년 육상골재가 차지하는 비중의 8배 이상이다.

④ 2009년과 비교했을 때, 바다골재는 2010년에 차지하는 비중이 6.1% 증가했다.

⑤ 2009년에 하천골재의 비중은 육상골재의 비중의 2배 이상이다.

 ③ 2007년 산림골재가 차지하는 비중은 54.5%이고, 2005년 육상골재가 차지하는 비중은 8.9%로 8배 이하이다.

┃26~27┃ 다음 지문을 읽고 물음에 답하시오.

산업혁명 이후 석유, 석탄과 같은 천연자원은 우리 생활에 있어서 없어서는 안 될 중요한 자원으로 자리 잡았다. 하지만 이러한 천연자원은 그 양이 한정되어 있어 석유와 석탄 모두 지금으로부터 100년 안에는 고갈될 것이다. 그래서 많은 국가와 과학자들은 새로운 천연자원을 발굴하는 데 힘을 쏟기 시작했고 몇 년 전부터 C-123이라는 광물이 새로운 자원으로써 관심을 끌기 시작했다. 이 광물은 지구를 구성하는 기본 물질 중 하나로 지구가 탄생하기 시작한 약 45억 년 전부터 형성된 것으로 밝혀졌고 그 양은 현재 석유의 약 수십만 배, 석탄의 수백만 배인 것으로 추정된다. 또한 이 광물은 같은 양으로 석유의 약 10배의 에너지를 낼 수 있고 사용 시 석유나 석탄과 같은 화학작용을 일으키지 않아 태양 에너지와 함께 차세대 대체 에너지로 각광을 받고 있다.

26 다음 표는 석유와 석탄, C-123 광물과 태양 에너지를 비교한 표이다. 다음 중 옳지 않은 것은?

	석유	석탄	C-123	태양 에너지
향후 매장량	30년	70년	수만 년	무한정
환경 오염도	80%	90%	1%	0.001%
에너지 효율도 (석유 기준)	1	석유의 $\frac{1}{2}$ 배	석유의 10배	석유의 100배

① 석탄은 환경 오염도에서 비록 석유보다 못하지만 향후 매장량이 높기 때문에 제2의 대체 에너지로서의 가치가 충분히 있다.

② 가장 좋은 것은 태양 에너지를 사용하는 것이지만 향후 매장량이나 환경 오염도, 에너지 효율면에서 C-123도 좋은 대체 에너지 후보로 거론될 수 있다.

③ C-123광물은 다른 천연자원에 비해 환경 오염도가 낮기 때문에 이를 이용할 경우 경제적 이익과 함께 환경적인 이익도 볼 수 있을 것이다.

④ C-123광물의 향후 매장량이 비록 수만 년이지만 에너지 효율도를 감안한다면 향후 약 수십만년은 충분히 사용할 수 있을 것이다.

⑤ 석유를 대체할 에너지로 가장 좋은 것은 태양에너지이며, 가장 나쁜 것은 석탄이다.

(Tip) ① 향후 매장량에 상관없이 석탄은 환경 오염두와 에너지 효율면에서 석유보다도 못하기 때문에 제2의 대체 에너지로서 가치가 없다.

Answer⟶ 25.③ 26.①

27 다음 표는 각 나라별 C-123 광물의 매장량과 그 비중을 나타낸 표이다. 다음 중 가장 옳지 않은 것은?

	북극	남극	러시아	알래스카
매장량	3500만 톤	8700만 톤	1300만 톤	650만 톤
비중	25%	60%	10%	5%

① 남극과 북극에 거의 대부분이 매장되어 있는 만큼 여러 나라가 힘을 합쳐 채굴을 해야 한다.

② 현재 남극은 연구 목적으로만 개방되어 있기 때문에 비록 C-123 광물의 매장량이 많다고 하더라도 쉽게 채굴하기는 어려울 것이다.

③ 앞으로 C-123 광물로 인해 아프리카 대륙의 급속한 발달이 예상된다.

④ C-123 광물이 차세대 대체 에너지로 각광을 받고 있는 이상 극지방에 대한 각 나라별 영향력 행사가 불가피할 전망이다.

⑤ C-123의 매장량은 남극, 북극, 러시아, 알래스카 순이다.

 C-123 광물은 주로 극지방과 러시아, 알래스카에 분포해 있기 때문에 아프리카 대륙의 급속한 발달과는 상관이 없다.

▌다음 지문을 읽고 물음에 답하시오.

2000년대 들어서 핸드폰의 급속한 발달로 인해 전 세계 핸드폰 시장은 20년 전에 비해 약 80% 이상의 성장률을 이루었다. 그 중에서도 특히 차세대 강국으로 부상하고 있는 중국과 경제 신흥국으로 발돋움하고 있는 동남아시아 및 중·남미 대륙은 새로운 핸드폰 시장이 될 것으로 전망된다. 각 기업의 시장 조사결과에 따르면 중국은 지난 2003년부터 핸드폰 수요가 급증하더니 최근 5년 사이에 전 세계 핸드폰 수요의 약 43%를 차지하였고 향후 20년 동안 이러한 추세가 지속될 것으로 전망되고 있다. 또한 동남아시아와 중·남미의 여러 국가들도 각각 전 세계의 20%, 15%의 핸드폰 수요를 차지하면서 여러 기업의 차세대 시장이 될 것으로 예상된다.

28 다음 표는 중국, 말레이시아, 인도, 멕시코, 브라질의 인구, 경제성장률, 1인당 GDP, 국가 GDP를 나타낸 표이다. 다음 보기 중 가장 옳지 않은 것은?

	중국	말레이시아	인도	멕시코	브라질
인구 수	13억 5천만 명	9천만 명	12억 명	1억 1천 6백만 명	2억 2백만 명
경제 성장률	8%	5%	6%	6%	7%
1인당 GDP	6500$	1만 500$	4800$	1만 1천$	1만 1천$
국가 GDP	8조 9000억$ (세계 2위)	3000억$ (세계 35위)	1조 7000억$ (세계 11위)	1조 3000억$ (세계 14위)	2조 2000억$ (세계 7위)

① 중국, 동남아시아, 중·남미 지역의 높은 인구 수 또한 핸드폰 수요 급증의 한 이유라 할 수 있다.

② 위 표에 나와 있는 국가들은 비록 아직까지 다른 선진국에 비해 1인당 GDP는 낮지만 경제 성장률을 감안한다면 향후 새로운 시장으로서의 충분한 가치가 있다고 할 수 있다.

③ 국가 GDP나 인구 수, 경제 성장률을 전반적으로 봤을 때 위에 제시된 나라들은 핸드폰뿐만이 아니라 다른 분야에서도 새로운 시장이 될 가능성을 충분히 갖고 있다.

④ 위 표에 나와 있는 국가들 중 중국은 국가 GDP가 세계 2위로 가장 발전 가능성이 높은 나라이다.

⑤ 비록 위에 제시된 나라들이 경제 성장률이나 국가 GDP측면에서 큰 가능성으로 보이고 있지만 아직 사회 치안이 불안하기 때문에 기업들은 당장 큰 이익을 볼 수는 없을 것이다.

(Tip) 위 표에서는 각 나라의 사회 치안이 얼마나 불안한지를 정확히 알 수 없다.

Answer 27.③ 28.⑤

▌ 다음 지문을 읽고 물음에 답하시오.

산업화가 한창 진행되던 7,80년대에 우리나라의 많은 인구가 지방에서 도시로 올라와 농촌 인구가 큰 폭으로 감소하였다. 이러한 현상은 당시 산업화로 서울, 부산, 울산 등을 비롯한 도시들에 일자리가 많이 생기고 임금 또한 농사를 지어 얻는 것보다 훨씬 많은 양을 받았기 때문이다. 그리고 이는 지금까지도 계속 이어지고 있다. 이러한 농촌인구의 도시유입은 자연히 도시 인구는 계속 늘어나는 반면 농촌은 수확량이 줄어들어 기존에 남아있던 농민들조차 농촌을 떠나는 악영향을 낳았고 이것은 앞으로 농촌의 일손 부족으로 인해 우리나라 농업 산업의 붕괴를 가져올 것으로 예상된다.

29 다음 표는 도시와 농촌의 한 해 평균 수입 및 일자리 수와 지난 30년간 우리 국민들의 최종학력 변화를 나타낸 표이다. 가장 옳지 않은 것은?

〈도시와 농촌의 한 해 평균 수입 및 일자리 수〉

	농촌	도시
한 해 벌어들이는 평균 수입	약 1500~2000만 원	3000~4000만 원
한 해 평균 생기는 일자리 수	약 2천~3천 개	20만~30만 개

〈지난 30년간 우리 국민들의 최종학력 변화〉

	1980년	1990년	2000년	2010년
초졸	55%	5%	–	–
중졸	25%	15%	5%	–
고졸	15%	30%	20%	10%
대졸	5%	50%	75%	90%

① 우리 국민 대다수가 고등교육을 받고 있는 현상 또한 농촌 인구의 도시유입의 원인 중 하나라 할 수 있다.

② 현대 사회는 기술이 나날이 발전하는 사회이므로 농업 산업의 붕괴는 큰 위협이 되지 않는다.

③ 농촌을 다시 살리기 위해서는 혁신적인 농업 기술의 보급과 다양한 농업 정책 및 귀농, 귀촌자들에 대한 혜택이 마련되어야 한다.

④ 새로운 품종 개량과 각 지역별로 특화된 농산품을 개발한다면 농업 산업의 붕괴를 막을 수 있을 것이다.

⑤ 농촌을 살리기 위한 일자리 창출 방안과 농작물 특화 방안을 마련해야 한다.

(Tip) 비록 현대 사회가 기술, 정보 산업 사회라 할지라도 농업 산업이 붕괴된다면 한 국가의 근간이 무너지는 만큼 우리나라에 큰 위협이 될 것이다.

30 다음 표는 4개의 고등학교의 대학진학 희망자의 학과별 비율(상단)과 그 중 희망한대로 진학한 학생의 비율(하단)을 나타낸 것이다. 이 표를 보고 추론한 내용으로 올바른 것은?

고등학교	국문학과	경제학과	법학과	기타	진학 희망자수
A	(60%) 20%	(10%) 10%	(20%) 30%	(10%) 40%	700명
B	(50%) 10%	(20%) 30%	(40%) 30%	(20%) 30%	500명
C	(20%) 35%	(50%) 40%	(40%) 15%	(60%) 10%	300명
D	(5%) 30%	(25%) 25%	(80%) 20%	(30%) 25%	400명

㉠ B와 C고등학교 중에서 국문학과에 합격한 학생은 B고등학교가 더 많다.

㉡ 법학과에 합격한 학생수는 A고등학교에서는 40명보다 많고, C고등학교에서는 20명보다 적다.

㉢ D고등학교에서 합격자수가 가장 많은 과는 법학과이고, 가장 적은 과는 국문학과이다.

① ㉠

② ㉡

③ ㉠, ㉢

④ ㉡, ㉢

⑤ ㉠, ㉡, ㉢

Tip ㉠ B고등학교 국문학과 합격생 : $500 \times 0.5 \times 0.1 = 25$(명)
C고등학교 국문학과 합격생 : $300 \times 0.2 \times 0.35 = 21$(명)
㉡ A고등학교 법학과 합격생 : $700 \times 0.2 \times 0.3 = 42$(명)
C고등학교 법학과 합격생 : $300 \times 0.4 \times 0.15 = 18$(명)
㉢ 국문학과 : $400 \times 0.05 \times 0.3 = 6$(명)
경제학과 : $400 \times 0.25 \times 0.25 = 25$(명)
법학과 : $400 \times 0.8 \times 0.2 = 64$(명)
기타 : $400 \times 0.3 \times 0.25 = 30$(명)

Answer 29.② 30.⑤

▌1~15▐ 수직과 수평의 두 회전축을 중심으로 구를 〈보기〉의 순서에 따라 회전시킨다고 할 때, 정면의 모양으로 가장 가까운 것을 고르시오.

※ 1~15번까지는 해설이 없습니다.

1

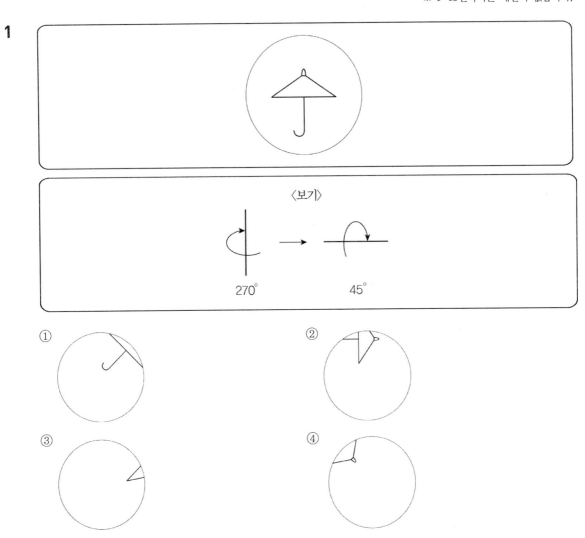

2

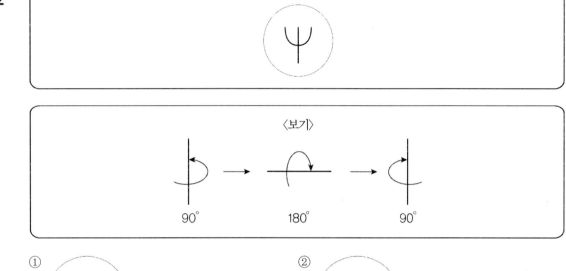

〈보기〉

90°   180°   90°

①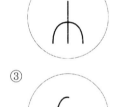

②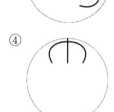

③

④

Answer↱ 1.③ 2.①

3

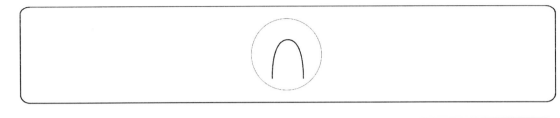

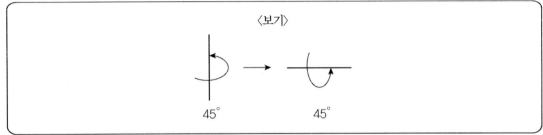

〈보기〉

①

②

③

④

4 공을 시계방향으로 90° 회전하고 아래로 90° 돌린 모양으로 가장 알맞은 것은?

〈보기〉

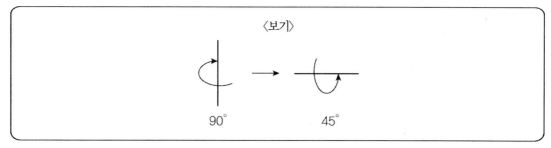

①

②

③

④

5

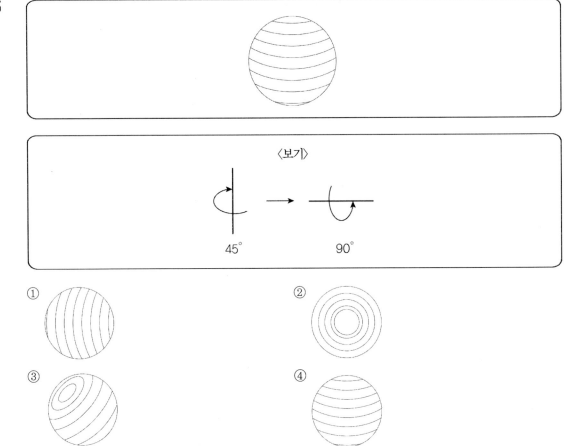

6

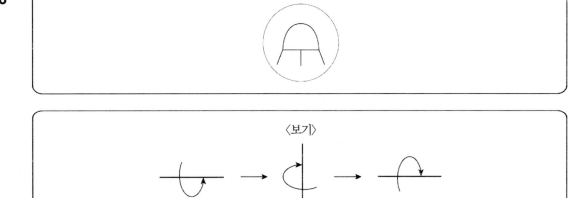

<보기>

$90°$ → $90°$ → $45°$

①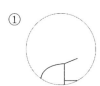

②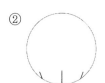

③

④

Answer⤷ 5.② 6.①

7

⟨보기⟩

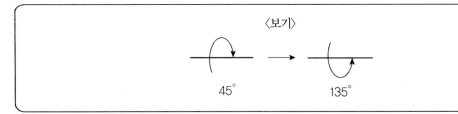

45°　　　　　　135°

①

②

③

④

8

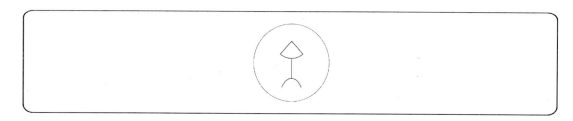

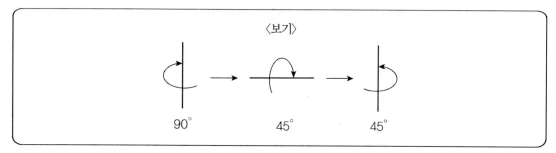

①

②

③

④

Answer↦ 7.④ 8.④

9

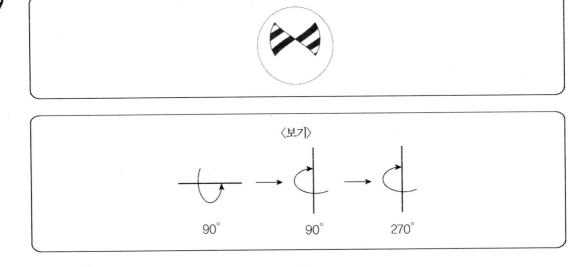

〈보기〉

90° 90° 270°

①

②

③

④

10

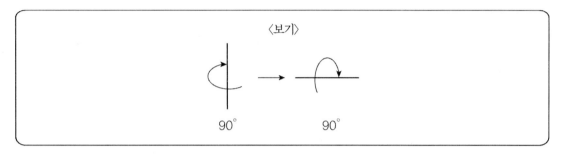

〈보기〉

90°   90°

①

②

③

④

11

〈보기〉

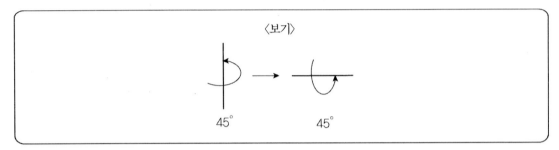

45°   45°

①

②

③

④

12

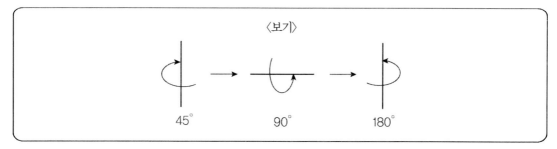

〈보기〉

45° 90° 180°

①

②

③

④

Answer ⌐→ 11.③ 12.②

13

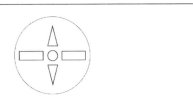

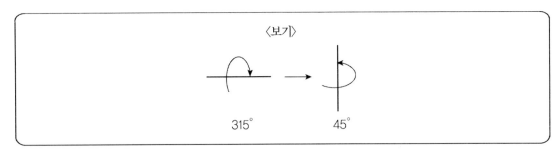

①

②

③

④

14

〈보기〉

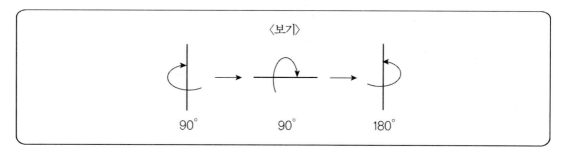

①

②

③

④

Answer → 13.④ 14.①

15

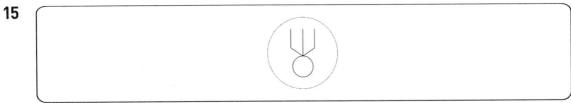

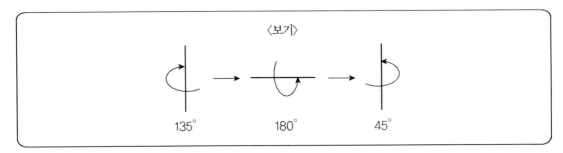

〈보기〉

135°   180°   45°

①

②

③

④

▌16~20▐ 다음에 제시된 정사각형들은 한 부분은 단독으로 회전이 가능하고, 나머지 세 부분은 고정되어 있다. 이 정사각형들을 자유롭게 결합해 큰 정사각형 하나로 만든다고 할 때, 나올 수 없는 것을 고르시오. (단, 제시된 정사각형들은 결합 시 회전시킬 수 있다)

16

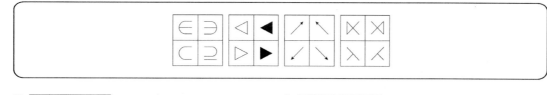

①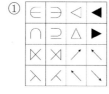

②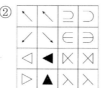

③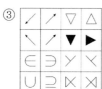

④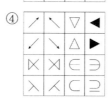

④ 제시된 네 개의 정사각형을 왼쪽부터 1, 2, 3, 4라고 할 때, 2번 정사각형의 2, 3사분면이 둘 다 회전하였다.

① 1, 2, 3번 정사각형의 3사분면이 회전하였다.

② 1번 정사각형이 180° 회전하여 결합하였으며, 1번 정사각형의 2사분면, 2번 정사각형의 4사분면, 3번 정사각형의 2사분면, 4번 정사각형의 4사분면이 회전하였다.

③ 2번 정사각형은 시계방향으로 90°, 3번 정사각형은 반시계방향으로 90°, 4번 정사각형은 180° 회전하여 결합하였으며, 1번 정사각형의 3사분면, 2번 정사각형의 4사분면, 3번 정사각형의 4사분면이 회전하였다.

Answer↦ 15.③ 16.④

17

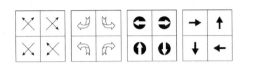

①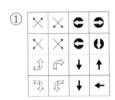

②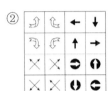

③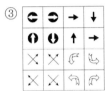

④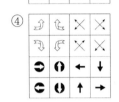

 ② 제시된 네 개의 정사각형을 왼쪽부터 1, 2, 3, 4라고 할 때, 2, 3, 4번 정사각형이 시계방향으로 90°
회전하여 결합하였다. 단, 3번 정사각형의 3, 4사분면이 둘 다 회전하였다.

① 1, 2번 정사각형이 반시계방향으로 90° 회전하여 결합하였으며, 2번 정사각형은 1사분면, 3번 정사
각형은 3사분면, 4번 정사각형은 2사분면이 회전하였다.

③ 1번 정사각형은 180°, 4번 정사각형은 시계방향으로 90° 회전하여 결합하였으며, 2, 4번 정사각형의
2사분면이 회전하였다.

④ 1, 2, 3, 4번 정사각형 모두 시계방향으로 90° 회전하여 결합하였다.

18

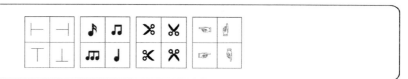

①

♩	🖐	✂	✂
🖐	🖐	✂	✂
🖐	🖐	⊤	⊥
🖐	🖐	⊢	⊢

②

🖐	🖐	⊤	⊣
🖐	🖐	⊥	⊢
✂	✂	🖐	🖐
✂	✂	🖐	🖐

③

✂	✂	♪	♫
✂	✂	♫	♩
⊤	⊣	🖐	🖐
⊢	⊢	🖐	🖐

④

🖐	🖐	🖐	🖐
🖐	🖐	🖐	🖐
⊤	⊥	✂	✂
⊢	⊣	✂	✂

 ③ 제시된 네 개의 정사각형을 왼쪽부터 1, 2, 3, 4라고 할 때, 1번 정사각형은 반시계방향으로 90°, 4번 정사각형은 시계방향으로 90° 회전하여 결합하였다. 단, 3번 정사각형의 2, 3사분면이 둘 다 회전하였다.

① 1, 2번 정사각형은 180°, 4번 정사각형은 시계방향으로 90° 회전하여 결합하였으며, 2번 정사각형의 2사분면, 3번 정사각형의 3사분면, 4번 정사각형의 4사분면이 회전하였다.

② 1번 정사각형은 반시계방향으로 90°, 2, 3번 정사각형은 180° 회전하여 결합하였으며, 4번 정사각형의 3사분면이 회전하였다.

④ 1, 2, 3, 4번 정사각형 모두 180° 회전하여 결합하였다.

Answer》 17.② 18.③

19

①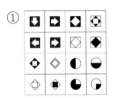

②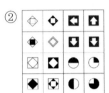

③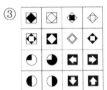

④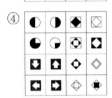

 ④ 제시된 네 개의 정사각형을 왼쪽부터 1, 2, 3, 4라고 할 때, 1, 2, 4번 정사각형은 시계방향으로 90
°, 3번 정사각형은 반시계방향으로 90° 회전하여 결합하였다. 단, 3번 정사각형의 2사분면의 모양은
어떻게 회전시키더라도 나올 수 없는 모양이다.

① 1, 2번 정사각형은 시계방향으로 90°, 3, 4번 정사각형은 반시계방향으로 90° 회전하여 결합하였으
며, 1, 2번 정사각형의 1사분면이 회전하였다.

② 1, 2번 정사각형의 3사분면이 회전하였다.

③ 1, 2번 정사각형은 반시계방향으로 90°, 3, 4번 정사각형은 시계방향으로 90° 회전하여 결합하였으
며, 2번 정사각형의 1사분면이 회전하였다.

20

①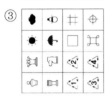

②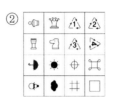

③

④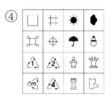

 ① 제시된 네 개의 정사각형을 왼쪽부터 1, 2, 3, 4라고 할 때, 2번 정사각형은 시계방향으로 90°, 3번 정사각형은 반시계방향으로 90° 회전하여 결합하였다. 단, 4번 정사각형의 1사분면과 3사분면의 모양이 바뀌었다.

② 1번 정사각형은 시계방향으로 90°, 2번 정사각형은 180° 회전하여 결합하였으며, 3번 정사각형의 2사분면, 4번 정사각형의 4사분면이 회전하였다.

③ 1, 2, 3, 4번 정사각형이 반시계방향으로 90° 회전하여 결합하였다.

④ 1번 정사각형의 1사분면, 3번 정사각형의 4사분면, 4번 정사각형의 3사분면이 회전하였다.

Answer→ 19.④ 20.①

┃21~25┃ 다음 제시된 큐브를 그림에서 지시하는 방향에 따라 순서대로 회전한 후 색칠된 면의 단면으로 알맞은 것을 고르시오. (단, 보이지 않는 면은 무늬가 없다)

21

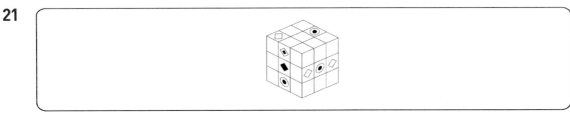

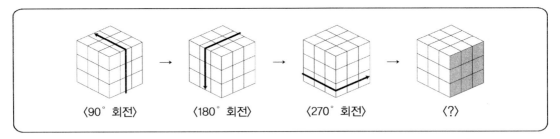

〈90° 회전〉 → 〈180° 회전〉 → 〈270° 회전〉 → 〈?〉

①

②

③

④

(Tip) 첫 번째 회전 후 모양은

두 번째 회전 후 모양은

세 번째 회전 후 모양은

이므로 색칠된 면의 단면은 ②이다.

22

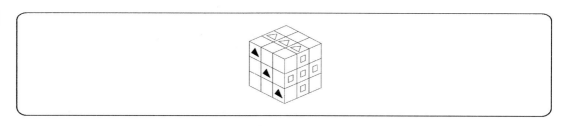

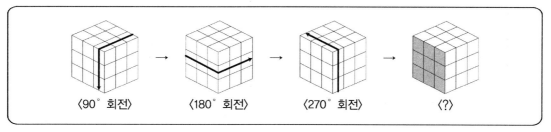

①

②

③

④

Tip 첫 번째 회전 후 모양은

두 번째 회전 후 모양은

세 번째 회전 후 모양은

이므로 색칠된 면의 단면은 ③이다.

Answer→ 21.② 22.③

23

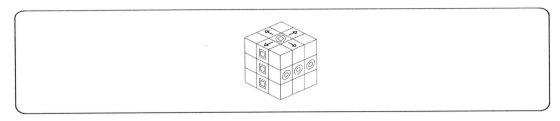

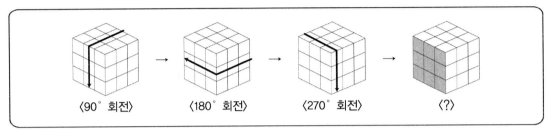

〈90° 회전〉 → 〈180° 회전〉 → 〈270° 회전〉 → 〈?〉

①

②

③

④

 첫 번째 회전 후 모양은

두 번째 회전 후 모양은

세 번째 회전 후 모양은

이므로 색칠된 면의 단면은 ②이다.

24

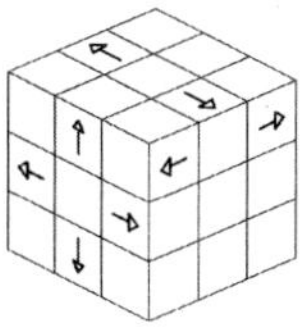

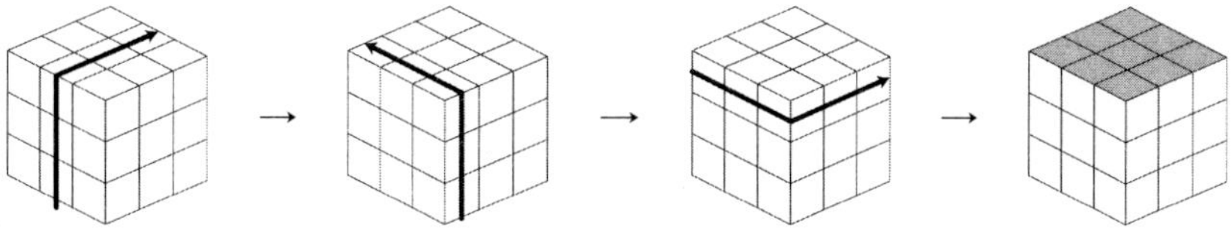

〈90° 회전〉 → 〈180° 회전〉 → 〈270° 회전〉 → 〈?〉

① 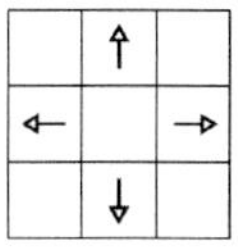

② 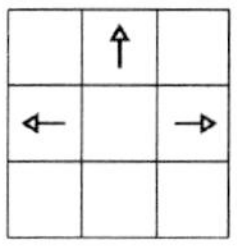

③ 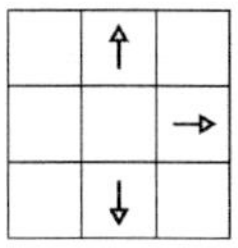

④ 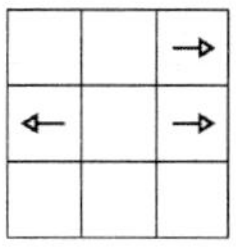

Tip 첫 번째 회전 후 모양은

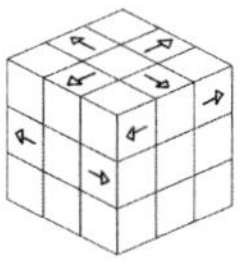

두 번째 회전 후 모양은

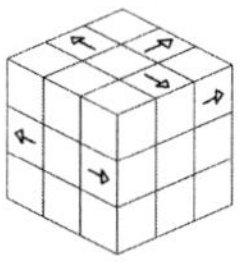

세 번째 회전 후 모양은

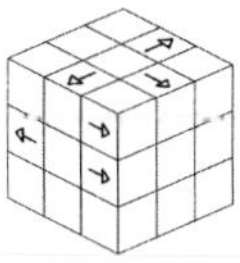

이므로 색칠된 면의 단면은 ③이다.

Answer 23.② 24.③

25

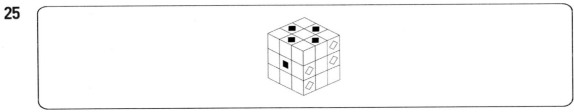

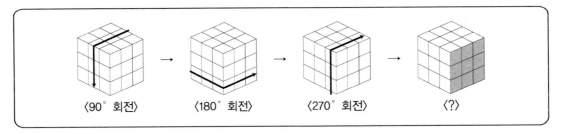

①

③

②

④

Tip 첫 번째 회전 후 모양은

두 번째 회전 후 모양은

세 번째 회전 후 모양은

이므로 색칠된 면의 단면은 ②이다.

다음 전개도를 접었을 때 나타나는 도형으로 알맞은 것을 고르시오.

26

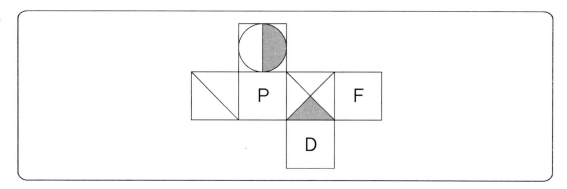

①

②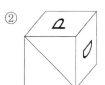

③

④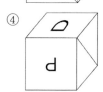

> **Tip** 제시된 전개도를 접으면 ④가 나타난다.

Answer↱ 25.② 26.④

27

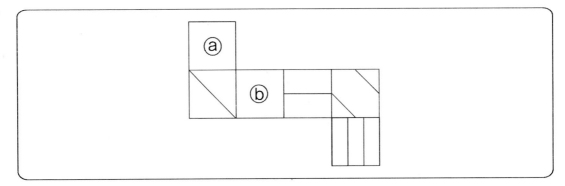

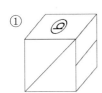

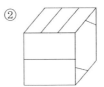

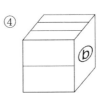

Tip 제시된 전개도를 접으면 ③이 나타난다.

28

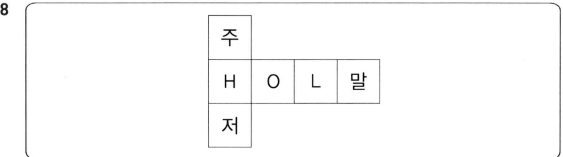

①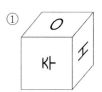

②

③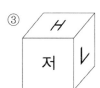

④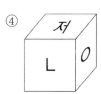

(Tip) 제시된 전개도를 접으면 ①이 나타난다.

Answer↪ 27.③ 28.①

29

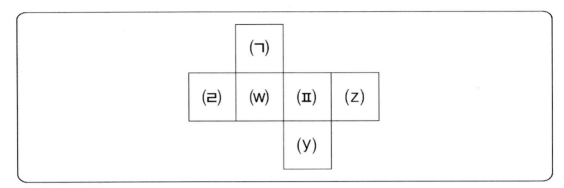

①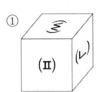

②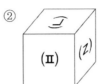

③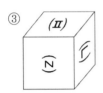

④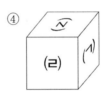

Tip 제시된 전개도를 접으면 ②가 나타난다.

30

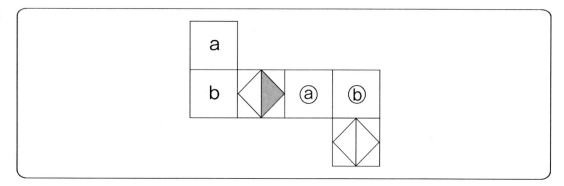

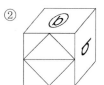

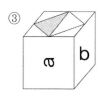

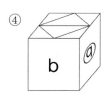

(Tip) 제시된 전개도를 접으면 ①이 나타난다.

PART

III

인성검사

01 인성검사 개요

02 인성검사 예시

CHAPTER 01

인성검사 개요

01 인성(성격)검사의 개념과 목적

인성(성격)이란 개인을 특징짓는 평범하고 일상적인 사회적 이미지, 즉 지속적이고 일관된 공적 성격(Public-personality)이며, 환경에 대응함으로써 선천적·후천적 요소의 상호작용으로 결정화된 심리적·사회적 특성 및 경향을 의미한다.

인성검사는 직무적성검사를 실시하는 대부분의 기업체에서 병행하여 실시하고 있으며, 인성검사만 독자적으로 실시하는 기업도 있다.

기업체에서는 인성검사를 통하여 각 개인이 어떠한 성격 특성이 발달되어 있고, 어떤 특성이 얼마나 부족한지, 그것이 해당 직무의 특성 및 조직문화와 얼마나 맞는지를 알아보고 이에 적합한 인재를 선발하고자 한다. 또한 개인에게 적합한 직무 배분과 부족한 부분을 교육을 통해 보완하도록 할 수 있다.

인성검사의 측정요소는 검사방법에 따라 차이가 있다. 또한 각 기업체들이 사용하고 있는 인성검사는 기존에 개발된 인성검사방법에 각 기업체의 인재상을 적용하여 자신들에게 적합하게 재개발하여 사용하는 경우가 많다. 그러므로 기업체에서 요구하는 인재상을 파악하여 그에 따른 대비책을 준비하는 것이 바람직하다. 본서에서 제시된 인성검사는 크게 '특성'과 '유형'의 측면에서 측정하게 된다.

02 성격의 특성

(1) 정서적 측면

정서적 측면은 평소 마음의 당연시하는 자세나 정신상태가 얼마나 안정하고 있는지 또는 불안정한지를 측정한다. 정서의 상태는 직무수행이나 대인관계와 관련하여 태도나 행동으로 드러난다. 그러므로, 정서적 측면을 측정하는 것에 의해, 장래 조직 내의 인간관계에 어느 정도 잘 적응할 수 있을까(또는 적응하지 못할까)를 예측하는 것이 가능하다. 그렇기 때문에, 정서적 측면의 결과는 채용시에 상당히 중시된다. 아무리 능력이 좋아도 장기적으로 조직 내의 인간관계에 잘 적응할 수 없다고 판단되는 인재는 기본적으로는 채용되지 않는다.

일반적으로 인성(성격)검사는 채용과는 관계없다고 생각하나 정서적으로 조직에 적응하지 못하는 인재는 채용 단계에서 가려내지는 것을 유의하여야 한다.

① 민감성(신경도) … 꼼꼼함, 섬세함, 성실함 등의 요소를 통해 일반적으로 신경질적인지 또는 자신의 존재를 위협받는다라는 불안을 갖기 쉬운지를 측정한다.

EXAMPLE

질문	그렇다	약간 그렇다	그저 그렇다	별로 그렇지 않다	그렇지 않다
• 배려적이라고 생각한다. • 어질러진 방에 있으면 불안하다. • 실패 후에는 불안하다. • 세세한 것까지 신경쓴다. • 이유 없이 불안할 때가 있다.					

▸**측정결과**

㉠ '그렇다'가 많은 경우(상처받기 쉬운 유형) : 사소한 일에 신경쓰고 다른 사람의 사소한 한마디 말에 상처를 받기 쉽다.
 • 면접관의 심리 : '동료들과 잘 지낼 수 있을까?', '실패할 때마다 위축되지 않을까?'
 • 면접대책 : 다소 신경질적이라도 능력을 발휘할 수 있다는 평가를 얻도록 한다. 주변과 충분한 의사소통이 가능하고, 결정한 것을 실행할 수 있다는 것을 보여주어야 한다.

㉡ '그렇지 않다'가 많은 경우(정신적으로 안정적인 유형) : 사소한 일에 신경 쓰지 않고 금방 해결하며, 주위 사람의 말에 과민하게 반응하지 않는다.
 • 면접관의 심리 : '계약할 때 필요한 유형이고, 사고 발생에도 유연하게 대처할 수 있다.'
 • 면접대책 : 일반적으로 '민감성의 측정치가 낮으면 플러스 평가를 받으므로 더욱 자신감 있는 모습을 보여준다.

② 자책성(과민도) … 자신을 비난하거나 책망하는 정도를 측정한다.

EXAMPLE

질문	그렇다	약간 그렇다	그저 그렇다	별로 그렇지 않다	그렇지 않다
• 후회하는 일이 많다. • 자신을 하찮은 존재로 생각하는 경우가 있다. • 문제가 발생하면 자기의 탓이라고 생각한다. • 무슨 일이든지 끙끙대며 진행하는 경향이 있다. • 온순한 편이다.					

▸ **측정결과**

㉠ '그렇다'가 많은 경우(자책하는 유형) : 비관적이고 후회하는 유형이다.
• 면접관의 심리 : '끙끙대며 괴로워하고, 일을 진행하지 못할 것 같다.'
• 면접대책 : 기분이 저조해도 항상 의욕을 가지고 생활하는 것과 책임감이 강하다는 것을 보여준다.
㉡ '그렇지 않다'가 많은 경우(낙천적인 유형) : 기분이 항상 밝은 편이다.
• 면접관의 심리 : '안정된 대인관계를 맺을 수 있고, 외부의 압력에도 흔들리지 않는다.'
• 면접대책 : 일반적으로 '자책성의 측정치가 낮으면 플러스 평가를 받으므로 자신감을 가지고 임한다.

③ 기분성(불안도) … 기분의 굴곡이나 감정적인 면의 미숙함이 어느 정도인지를 측정하는 것이다.

EXAMPLE

질문	그렇다	약간 그렇다	그저 그렇다	별로 그렇지 않다	그렇지 않다
• 다른 사람의 의견에 자신의 결정이 흔들리는 경우가 많다. • 기분이 쉽게 변한다. • 종종 후회한다. • 다른 사람보다 의지가 약한 편이라고 생각한다. • 금방 싫증을 내는 성격이라는 말을 자주 듣는다.					

▸ **측정결과**

㉠ '그렇다'가 많은 경우(감정의 기복이 많은 유형) : 의지력보다 기분에 따라 행동하기 쉽다.
• 면접관의 심리 : '감정적인 것에 약하며, 상황에 따라 생산성이 떨어지지 않을까?'
• 면접대책 : 주변 사람들과 항상 협조한다는 것을 강조하고 한결같은 상태로 일할 수 있다는 평가를 받도록 한다.
㉡ '그렇지 않다'가 많은 경우(감정의 기복이 적은 유형) : 감정의 기복이 없고, 안정적이다.
• 면접관의 심리 : '안정적으로 업무에 임할 수 있다.'
• 면접대책 : 기분성의 측정치가 낮으면 플러스 평가를 받으므로 자신감을 가지고 면접에 임한다.

④ 독자성(개인도) … 주변에 대한 견해나 관심, 자신의 견해나 생각에 어느 정도의 속박감을 가지고 있는지를 측정한다.

EXAMPLE

질문	그렇다	약간 그렇다	그저 그렇다	별로 그렇지 않다	그렇지 않다
• 창의적 사고방식을 가지고 있다.					
• 융통성이 있는 편이다.					
• 혼자 있는 편이 많은 사람과 있는 것보다 편하다.					
• 개성적이라는 말을 듣는다.					
• 교제는 번거로운 것이라고 생각하는 경우가 많다.					
• 다른 사람의 의견을 따르는 것이 속편하다.					
• 자신의 주장을 내세우지 않는 편이다.					

▶**측정결과**

㉠ '그렇다'가 많은 경우 : 자기의 관점을 중요하게 생각하는 유형으로, 주위의 상황보다 자신의 느낌과 생각을 중시한다.

• 면접관의 심리 : '제멋대로 행동하지 않을까?'

• 면접대책 : 주위 사람과 협조하여 일을 진행할 수 있다는 것과 상식에 얽매이지 않는다는 인상을 심어준다.

㉡ '그렇지 않다'가 많은 경우 : 상식적으로 행동하고 주변 사람의 시선에 신경을 쓴다.

• 면접관의 심리 : '다른 직원들과 협조하여 업무를 진행할 수 있겠다.'

• 면접대책 : 협조성이 요구되는 기업체에서는 플러스 평가를 받을 수 있다.

⑤ 자신감(자존심도) … 자기 자신에 대해 얼마나 긍정적으로 평가하는지를 측정한다.

EXAMPLE

질문	그렇다	약간 그렇다	그저 그렇다	별로 그렇지 않다	그렇지 않다
• 다른 사람보다 능력이 뛰어나다고 생각한다. • 다소 반대의견이 있어도 나만의 생각으로 행동할 수 있다. • 나는 다른 사람보다 기가 센 편이다. • 동료가 나를 모욕해도 무시할 수 있다. • 대개의 일을 목적한 대로 헤쳐나갈 수 있다고 생각한다.					

▸ **측정결과**

㉠ '그렇다'가 많은 경우 : 자기 능력이나 외모 등에 자신감이 있고, 비판당하는 것을 좋아하지 않는다.
• 면접관의 심리 : '자만하여 지시에 잘 따를 수 있을까?'
• 면접대책 : 다른 사람의 조언을 잘 받아들이고, 겸허하게 반성하는 면이 있다는 것을 보여주고, 동료들과 잘 지내며 리더의 자질이 있다는 것을 강조한다.
㉡ '그렇지 않다'가 많은 경우 : 자신감이 없고 다른 사람의 비판에 약하다.
• 면접관의 심리 : '패기가 부족하지 않을까?', '쉽게 좌절하지 않을까?'
• 면접대책 : 극도의 자신감 부족으로 평가되지는 않는다. 그러나 마음이 약한 면은 있지만 의욕적으로 일을 하겠다는 마음가짐을 보여준다.

⑥ 고양성(분위기에 들뜨는 정도) … 자유분방함, 명랑함과 같이 감정(기분)의 높고 낮음의 정도를 측정한다.

EXAMPLE

질문	그렇다	약간 그렇다	그저 그렇다	별로 그렇지 않다	그렇지 않다
• 침착하지 못한 편이다. • 다른 사람보다 쉽게 우쭐해진다. • 모든 사람이 아는 유명인사가 되고 싶다. • 모임이나 집단에서 분위기를 이끄는 편이다. • 취미 등이 오랫동안 지속되지 않는 편이다.					

▸ **측정결과**

㉠ '그렇다'가 많은 경우 : 자극이나 변화가 있는 일상을 원하고 기분을 들뜨게 하는 사람과 친밀하게 지내는 경향이 강하다.
• 면접관의 심리 : '일을 진행하는 데 변덕스럽지 않을까?'
• 면접대책 : 밝은 태도는 플러스 평가를 받을 수 있지만, 착실한 업무능력이 요구되는 직종에서는 마이너스 평가가 될 수 있다. 따라서 자기조절이 가능하다는 것을 보여준다.
㉡ '그렇지 않다'가 많은 경우 : 감정이 항상 일정하고, 속을 드러내 보이지 않는다.
• 면접관의 심리 : '안정적인 업무 태도를 기대할 수 있겠다.'
• 면접대책 : '고양성'의 낮음은 대체로 플러스 평가를 받을 수 있다. 그러나 '무엇을 생각하고 있는지 모르겠다' 등의 평을 듣지 않도록 주의한다.

⑦ 허위성(진위성) … 필요 이상으로 자기를 좋게 보이려 하거나 기업체가 원하는 '이상형'에 맞춘 대답을 하고 있는지, 없는지를 측정한다.

EXAMPLE

질문	그렇다	약간 그렇다	그저 그렇다	별로 그렇지 않다	그렇지 않다
• 약속을 깨뜨린 적이 한 번도 없다. • 다른 사람을 부럽다고 생각해 본 적이 없다. • 꾸지람을 들은 적이 없다. • 사람을 미워한 적이 없다. • 화를 낸 적이 한 번도 없다.					

▶ **측정결과**

㉠ '그렇다'가 많은 경우 : 실제의 자기와는 다른, 말하자면 원칙으로 해답할 가능성이 있다.
• 면접관의 심리 : '거짓을 말하고 있다.'
• 면접대책 : 조금이라도 좋게 보이려고 하는 '거짓말쟁이'로 평가될 수 있다. '거짓을 말하고 있다.'는 마음 따위가 전혀 없다 해도 결과적으로는 정직하게 답하지 않는다는 것이 되어 버린다. '허위성'의 측정 질문은 구분되지 않고 다른 질문 중에 섞여 있다. 그러므로 모든 질문에 솔직하게 답하여야 한다. 또한 자기 자신과 너무 동떨어진 이미지로 답하면 좋은 결과를 얻지 못한다. 그리고 면접에서 '허위성'을 기본으로 한 질문을 받게 되므로 당황하거나 또다른 모순된 답변을 하게 된다. 겉치레를 하거나 무리한 욕심을 부리지 말고 '이런 사회인이 되고 싶다.'는 현재의 자신보다, 조금 성장한 자신을 표현하는 정도가 적당하다.
㉡ '그렇지 않다'가 많은 경우 : 냉정하고 정직하며, 외부의 압력과 스트레스에 강한 유형이다. '대쪽 같음'의 이미지가 굳어지지 않도록 주의한다.

(2) 행동적인 측면

행동적 측면은 인격 중에 특히 행동으로 드러나기 쉬운 측면을 측정한다. 사람의 행동 특징 자체에는 선도 악도 없으나, 일반적으로는 일의 내용에 의해 원하는 행동이 있다. 때문에 행동적 측면은 주로 직종과 깊은 관계가 있는데 자신의 행동 특성을 살려 적합한 직종을 선택한다면 플러스가 될 수 있다.

행동 특성에서 보이는 특징은 면접장면에서도 드러나기 쉬운데 본서의 모의 TEST의 결과를 참고하여 자신의 태도, 행동이 면접관의 시선에 어떻게 비치는지를 점검하도록 한다.

① 사회적 내향성 … 대인관계에서 나타나는 행동경향으로 '낯가림'을 측정한다.

EXAMPLE

질문	선택
A : 파티에서는 사람을 소개받은 편이다. B : 파티에서는 사람을 소개하는 편이다.	
A : 처음 보는 사람과는 어색하게 시간을 보내는 편이다. B : 처음 보는 사람과는 즐거운 시간을 보내는 편이다.	
A : 친구가 적은 편이다. B : 친구가 많은 편이다.	
A : 자신의 의견을 말하는 경우가 적다. B : 자신의 의견을 말하는 경우가 많다.	
A : 사교적인 모임에 참석하는 것을 좋아하지 않는다. B : 사교적인 모임에 항상 참석한다.	

▶ **측정결과**

㉠ 'A'가 많은 경우 : 내성적이고 사람들과 접하는 것에 소극적이다. 자신의 의견을 말하지 않고 조심스러운 편이다.
- 면접관의 심리 : '소극적인데 동료와 잘 지낼 수 있을까?'
- 면접대책 : 대인관계를 맺는 것을 싫어하지 않고 의욕적으로 일을 할 수 있다는 것을 보여준다.

㉡ 'B'가 많은 경우 : 사교적이고 자기의 생각을 명확하게 전달할 수 있다.
- 면접관의 심리 : '사교적이고 활동적인 것은 좋지만, 자기주장이 너무 강하지 않을까?'
- 면접대책 : 협조성을 보여주고, 자기 주장이 너무 강하다는 인상을 주지 않도록 주의한다.

② 내성성(침착도) … 자신의 행동과 일에 대해 침착하게 생각하는 정도를 측정한다.

EXAMPLE

질문	선택
A : 시간이 걸려도 침착하게 생각하는 경우가 많다. B : 짧은 시간에 결정을 하는 경우가 많다.	
A : 실패의 원인을 찾고 반성하는 편이다. B : 실패를 해도 그다지(별로) 개의치 않는다.	
A : 결론이 도출되어도 몇 번 정도 생각을 바꾼다. B : 결론이 도출되면 신속하게 행동으로 옮긴다.	
A : 여러 가지 생각하는 것이 능숙하다. B : 여러 가지 일을 재빨리 능숙하게 처리하는 데 익숙하다.	
A : 여러 가지 측면에서 사물을 검토한다. B : 행동한 후 생각을 한다.	

▶**측정결과**

㉠ 'A'가 많은 경우 : 행동하기 보다는 생각하는 것을 좋아하고 신중하게 계획을 세워 실행한다.
- 면접관의 심리 : '행동으로 실천하지 못하고, 대응이 늦은 경향이 있지 않을까?'
- 면접대책 : 발로 뛰는 것을 좋아하고, 일을 더디게 한다는 인상을 주지 않도록 한다.

㉡ 'B'가 많은 경우 : 차분하게 생각하는 것보다 우선 행동하는 유형이다.
- 면접관의 심리 : '생각하는 것을 싫어하고 경솔한 행동을 하지 않을까?'
- 면접대책 : 계획을 세우고 행동할 수 있는 것을 보여주고 '사려 깊다'라는 인상을 남기도록 한다.

③ 신체활동성 … 몸을 움직이는 것을 좋아하는가를 측정한다.

EXAMPLE

질문	선택
A : 민첩하게 활동하는 편이다. B : 준비행동이 없는 편이다.	
A : 일을 척척 해치우는 편이다. B : 일을 더디게 처리하는 편이다.	
A : 활발하다는 말을 듣는다. B : 얌전하다는 말을 듣는다.	
A : 몸을 움직이는 것을 좋아한다. B : 가만히 있는 것을 좋아한다.	
A : 스포츠를 하는 것을 즐긴다. B : 스포츠를 보는 것을 좋아한다.	

▶측정결과
㉠ 'A'가 많은 경우 : 활동적이고, 몸을 움직이게 하는 것이 컨디션이 좋다.
• 면접관의 심리 : '활동적으로 활동력이 좋아 보인다.'
• 면접대책 : 활동하고 얻은 성과 등과 주어진 상황의 대응능력을 보여준다.
㉡ 'B'가 많은 경우 : 침착한 인상으로, 차분하게 있는 타입이다.
• 면접관의 심리 : '좀처럼 행동하려 하지 않아 보이고, 일을 빠르게 처리할 수 있을까?'

④ 지속성(노력성) … 무슨 일이든 포기하지 않고 끈기 있게 하려는 정도를 측정한다.

EXAMPLE

질문	선택
A : 일단 시작한 일은 시간이 걸려도 끝까지 마무리한다. B : 일을 하다 어려움에 부딪히면 단념한다.	
A : 끈질긴 편이다. B : 바로 단념하는 편이다.	
A : 인내가 강하다는 말을 듣는다. B : 금방 싫증을 낸다는 말을 듣는다.	
A : 집념이 깊은 편이다. B : 담백한 편이다.	
A : 한 가지 일에 구애되는 것이 좋다고 생각한다. B : 간단하게 체념하는 것이 좋다고 생각한다.	

▶ **측정결과**

㉠ 'A'가 많은 경우 : 시작한 것은 어려움이 있어도 포기하지 않고 인내심이 높다.
  • 면접관의 심리 : '한 가지의 일에 너무 구애되고, 업무의 진행이 원활할까?'
  • 면접대책 : 인내력이 있는 것은 플러스 평가를 받을 수 있지만 집착이 강해 보이기도 한다.
㉡ 'B'가 많은 경우 : 뒤끝이 없고 조그만 실패로 일을 포기하기 쉽다.
  • 면접관의 심리 : '질리는 경향이 있고, 일을 정확히 끝낼 수 있을까?'
  • 면접대책 : 지속적인 노력으로 성공했던 사례를 준비하도록 한다.

⑤ 신중성(주의성) … 자신이 처한 주변상황을 즉시 파악하고 자신의 행동이 어떤 영향을 미치는지를 측정한다.

EXAMPLE

질문	선택
A : 여러 가지로 생각하면서 완벽하게 준비하는 편이다. B : 행동할 때부터 임기응변적인 대응을 하는 편이다.	
A : 신중해서 타이밍을 놓치는 편이다. B : 준비 부족으로 실패하는 편이다.	
A : 자신은 어떤 일에도 신중히 대응하는 편이다. B : 순간적인 충동으로 활동하는 편이다.	
A : 시험을 볼 때 끝날 때까지 재검토하는 편이다. B : 시험을 볼 때 한 번에 모든 것을 마치는 편이다.	
A : 일에 대해 계획표를 만들어 실행한다. B : 일에 대한 계획표 없이 진행한다.	

▶ **측정결과**

㉠ 'A'가 많은 경우 : 주변 상황에 민감하고, 예측하여 계획있게 일을 진행한다.
  • 면접관의 심리 : '너무 신중해서 적절한 판단을 할 수 있을까?', '앞으로의 상황에 불안을 느끼지 않을까?'
  • 면접대책 : 예측을 하고 실행을 하는 것은 플러스 평가가 되지만, 너무 신중하면 일의 진행이 정체될 가능성을 보이므로 추진력이 있다는 강한 의욕을 보여준다.
㉡ 'B'가 많은 경우 : 주변 상황을 살펴보지 않고 착실한 계획 없이 일을 진행시킨다.
  • 면접관의 심리 : '사려 깊지 않고, 실패하는 일이 많지 않을까?', '판단이 빠르고 유연한 사고를 할 수 있을까?'
  • 면접대책 : 사전준비를 중요하게 생각하고 있다는 것 등을 보여주고, 경솔한 인상을 주지 않도록 한다. 또한 판단력이 빠르거나 유연한 사고 덕분에 일 처리를 잘 할 수 있다는 것을 강조한다.

(3) 의욕적인 측면

의욕적인 측면은 의욕의 정도, 활동력의 유무 등을 측정한다. 여기서의 의욕이란 우리들이 보통 말하고 사용하는 '하려는 의지'와는 조금 뉘앙스가 다르다. '하려는 의지'란 그 때의 환경이나 기분에 따라 변화하는 것이지만, 여기에서는 조금 더 변화하기 어려운 특징, 말하자면 정신적 에너지의 양으로 측정하는 것이다.

의욕적 측면은 행동적 측면과는 다르고, 전반적으로 어느 정도 점수가 높은 쪽을 선호한다. 모의검사의 의욕적 측면의 결과가 낮다면, 평소 일에 몰두할 때 조금 의욕 있는 자세를 가지고 서서히 개선하도록 노력해야 한다.

① 달성의욕 … 목적의식을 가지고 높은 이상을 가지고 있는지를 측정한다.

EXAMPLE

질문	선택
A : 경쟁심이 강한 편이다. B : 경쟁심이 약한 편이다.	
A : 어떤 한 분야에서 제1인자가 되고 싶다고 생각한다. B : 어느 분야에서든 성실하게 임무를 진행하고 싶다고 생각한다.	
A : 규모가 큰 일을 해보고 싶다. B : 맡은 일에 충실히 임하고 싶다.	
A : 아무리 노력해도 실패한 것은 아무런 도움이 되지 않는다. B : 가령 실패했을 지라도 나름대로의 노력이 있었으므로 괜찮다. A : 높은 목표를 설정하여 수행하는 것이 의욕적이다. B : 실현 가능한 정도의 목표를 설정하는 것이 의욕적이다.	

▶**측정결과**

㉠ 'A'가 많은 경우 : 큰 목표와 높은 이상을 가지고 승부욕이 강한 편이다.
 • 면접관의 심리 : '열심히 일을 해줄 것 같은 유형이다.'
 • 면접대책 : 달성의욕이 높다는 것은 어떤 직종이라도 플러스 평가가 된다.

㉡ 'B'가 많은 경우 : 현재의 생활을 소중하게 여기고 비약적인 발전을 위해 기를 쓰지 않는다.
 • 면접관의 심리 : '외부의 압력에 약하고, 기획입안 등을 하기 어려울 것이다.'
 • 면접대책 : 일을 통하여 하고 싶은 것들을 구체적으로 어필한다.

② 활동의욕 … 자신에게 잠재된 에너지의 크기로, 정신적인 측면의 활동력이라 할 수 있다.

EXAMPLE

질문	선택
A : 하고 싶은 일을 실행으로 옮기는 편이다. B : 하고 싶은 일을 좀처럼 실행할 수 없는 편이다.	
A : 어려운 문제를 해결해 가는 것이 좋다. B : 어려운 문제를 해결하는 것을 잘하지 못한다.	
A : 일반적으로 결단이 빠른 편이다. B : 일반적으로 결단이 느린 편이다.	
A : 곤란한 상황에도 도전하는 편이다. B : 사물의 본질을 깊게 관찰하는 편이다.	
A : 시원시원하다는 말을 잘 듣는다. B : 꼼꼼하다는 말을 잘 듣는다.	

▶ **측정결과**

㉠ 'A'가 많은 경우 : 꾸물거리는 것을 싫어하고 재빠르게 결단해서 행동하는 타입이다.
  • 면접관의 심리 : '일을 처리하는 솜씨가 좋고, 일을 척척 진행할 수 있을 것 같다.'
  • 면접대책 : 활동의욕이 높은 것은 플러스 평가가 된다. 사교성이나 활동성이 강하다는 인상을 준다.
㉡ 'B'가 많은 경우 : 안전하고 확실한 방법을 모색하고 차분하게 시간을 아껴서 일에 임하는 타입이다.
  • 면접관의 심리 : '재빨리 행동을 못하고, 일의 처리속도가 느린 것이 아닐까?'
  • 면접대책 : 활동성이 있는 것을 좋아하고 움직임이 더디다는 인상을 주지 않도록 한다.

03 **성격의 유형**

(1) 인성검사유형의 4가지 척도

정서적인 측면, 행동적인 측면, 의욕적인 측면의 요소들은 성격 특성이라는 관점에서 제시된 것들로 각 개인의 장·단점을 파악하는 데 유용하다. 그러나 전체적인 개인의 인성을 이해하는 데는 한계가 있다.

성격의 유형은 개인의 '성격적인 특색'을 가리키는 것으로, 사회인으로서 적합한지, 아닌지를 말하는 관점과는 관계가 없다. 따라서 채용의 합격 여부에는 사용되지 않는 경우가 많으며, 입사 후의 적정 부서 배치의 자료가 되는 편이라 생각하면 된다. 그러나 채용과 관계가 없다고 해서 아무런 준비도 필요없는 것은 아니다. 자신을 아는 것은 면접 대책의 밑거름이 되므로 모의검사 결과를 충분히 활용하도록 하여야 한다.

본서에서는 4개의 척도를 사용하여 기본적으로 16개의 패턴으로 성격의 유형을 분류하고 있다. 각 개인의 성격이 어떤 유형인지 재빨리 파악하기 위해 사용되며, '적성'에 맞는지, 맞지 않는지의 관점에 활용된다.

- 흥미·관심의 방향 : 내향형 ←――――→ 외향형
- 사물에 대한 견해 : 직관형 ←――――→ 감각형
- 판단하는 방법 : 감정형 ←――――→ 사고형
- 환경에 대한 접근방법 : 지각형 ←――――→ 판단형

(2) 성격유형

① 흥미·관심의 방향(내향⇆외향) … 흥미·관심의 방향이 자신의 내면에 있는지, 주위환경 등 외면에 향하는 지를 가리키는 척도이다.

EXAMPLE

질문	선택
A : 내성적인 성격인 편이다. B : 개방적인 성격인 편이다.	
A : 항상 신중하게 생각을 하는 편이다. B : 바로 행동에 착수하는 편이다.	
A : 수수하고 조심스러운 편이다. B : 자기표현력이 강한 편이다.	
A : 다른 사람과 함께 있으면 침착하지 않다. B : 혼자서 있으면 침착하지 않다.	

▸측정결과

㉠ 'A'가 많은 경우(내향) : 관심의 방향이 자기 내면에 있으며, 조용하고 낯을 가리는 유형이다. 행동력은 부족하나 집중력이 뛰어나고 신중하고 꼼꼼하다.

㉡ 'B'가 많은 경우(외향) : 관심의 방향이 외부환경에 있으며, 사교적이고 활동적인 유형이다. 꼼꼼함이 부족하여 대충하는 경향이 있으나 행동력이 있다.

② 일(사물)을 보는 방법(직감 ↔ 감각) … 일(사물)을 보는 법이 직감적으로 형식에 얽매이는지, 감각적으로 상식적인지를 가리키는 척도이다.

EXAMPLE

질문	선택
A : 현실주의적인 편이다. B : 상상력이 풍부한 편이다. A : 정형적인 방법으로 일을 처리하는 것을 좋아한다. B : 만들어진 방법에 변화가 있는 것을 좋아한다. A : 경험에서 가장 적합한 방법으로 선택한다. B : 지금까지 없었던 새로운 방법을 개척하는 것을 좋아한다. A : 성실하다는 말을 듣는다. B : 호기심이 강하다는 말을 듣는다.	

▸ 측정결과

㉠ 'A'가 많은 경우(감각) : 현실적이고 경험주의적이며 보수적인 유형이다.

㉡ 'B'가 많은 경우(직관) : 새로운 주제를 좋아하며, 독자적인 시각을 가진 유형이다.

③ 판단하는 방법(감정 ↔ 사고) … 일을 감정적으로 판단하는지, 논리적으로 판단하는지를 가리키는 척도이다.

EXAMPLE

질문	선택
A : 인간관계를 중시하는 편이다. B : 일의 내용을 중시하는 편이다. A : 결론을 자기의 신념과 감정에서 이끌어내는 편이다. B : 결론을 논리적 사고에 의거하여 내리는 편이다. A : 다른 사람보다 동정적이고 눈물이 많은 편이다. B : 다른 사람보다 이성적이고 냉정하게 대응하는 편이다. A : 머리로는 이해해도 심정상 받아들일 수 없을 때가 있다. B : 마음은 알지만 받아들일 수 없을 때가 있다.	

▸ 측정결과

㉠ 'A'가 많은 경우(감정) : 일을 판단할 때 마음·감정을 중요하게 여기는 유형이다. 감정이 풍부하고 친절하나 엄격함이 부족하고 우유부단하며, 합리성이 부족하다.

㉡ 'B'가 많은 경우(사고) : 일을 판단할 때 논리성을 중요하게 여기는 유형이다. 이성적이고 합리적이나 타인에 대한 배려가 부족하다.

④ 환경에 대한 접근방법 … 주변상황에 어떻게 접근하는지, 그 판단기준을 어디에 두는지를 측정한다.

EXAMPLE

질문	선택
A : 사전에 계획을 세우지 않고 행동한다. B : 반드시 계획을 세우고 그것에 의거해서 행동한다.	
A : 자유롭게 행동하는 것을 좋아한다. B : 조직적으로 행동하는 것을 좋아한다.	
A : 조직성이나 관습에 속박당하지 않는다. B : 조직성이나 관습을 중요하게 여긴다.	
A : 계획 없이 낭비가 심한 편이다. B : 예산을 세워 물건을 구입하는 편이다.	

▶ 측정결과
㉠ 'A'가 많은 경우(지각) : 일의 변화에 융통성을 가지고 유연하게 대응하는 유형이다. 낙관적이며 질서보다는 자유를 좋아하나 임기응변식의 대응으로 무계획적인 인상을 줄 수 있다.
㉡ 'B'가 많은 경우(판단) : 일의 진행시 계획을 세워서 실행하는 유형이다. 순차적으로 진행하는 일을 좋아하고 끈기가 있으나 변화에 대해 적절하게 대응하지 못하는 경향이 있다.

(3) 성격유형의 판정

성격유형은 합격 여부의 판정보다는 배치를 위한 자료로써 이용된다. 즉, 기업은 입사시험단계에서 입사 후에도 사용할 수 있는 정보를 입수하고 있다는 것이다. 성격검사에서는 어느 척도가 얼마나 고득점이었는지에 주시하고 각각의 측면에서 반드시 하나씩 고르고 편성한다. 편성은 모두 16가지가 되나 각각의 측면을 더 세분하면 200가지 이상의 유형이 나온다.

여기에서는 16가지 편성을 제시한다. 성격검사에 어떤 정보가 게재되어 있는지를 이해하면서 자기의 성격유형을 파악하기 위한 실마리로 활용하도록 한다.

① 내향 – 직관 – 감정 – 지각(TYPE A) : 관심이 내면에 향하고 조용하고 소극적이다. 사물에 대한 견해는 새로운 것에 대해 호기심이 강하고, 독창적이다. 감정은 좋아하는 것과 싫어하는 것의 판단이 확실하고, 감정이 풍부하고 따뜻한 느낌이 있는 반면, 합리성이 부족한 경향이 있다. 환경에 접근하는 방법은 순응적이고 상황의 변화에 대해 유연하게 대응하는 것을 잘한다.

② 내향 – 직관 – 감정 – 사고(TYPE B) : 관심이 내면으로 향하고 조용하고 쑥스러움을 잘 타는 편이다. 사물을 보는 관점은 독창적이며, 자기 나름대로 궁리하며 생각하는 일이 많다. 좋고 싫음으로 판단하는 경향이 강하고 타인에게는 친절한 반면, 우유부단하기 쉬운 편이다. 환경 변화에 대해 유연하게 대응하는 것을 잘한다.

③ 내향 – 직관 – 사고 – 지각(TYPE C) : 관심이 내면으로 향하고 얌전하고 교제범위가 좁다. 사물을 보는 관점은 독창적이며, 현실에서 먼 추상적인 것을 생각하기를 좋아한다. 논리적으로 생각하고 판단하는 경향이 강하고 이성적이지만, 남의 감정에 대해서는 무반응인 경향이 있다. 환경의 변화에 순응적이고 융통성 있게 임기응변으로 대응할 수가 있다.

④ 내향 – 직관 – 사고 – 판단(TYPE D) : 관심이 내면으로 향하고 주의 깊고 신중하게 행동을 한다. 사물을 보는 관점은 독창적이며 논리를 좋아해서 이치를 따지는 경향이 있다. 논리적으로 생각하고 판단하는 경향이 강하고, 객관적이지만 상대방의 마음에 대한 배려가 부족한 경향이 있다. 환경에 대해서는 순응하는 것보다 대응하며, 한 번 정한 것은 끈질기게 행동하려 한다.

⑤ 내향 – 감각 – 감정 – 지각(TYPE E) : 관심이 내면으로 향하고 조용하며 소극적이다. 사물을 보는 관점은 상식적이고 그대로의 것을 좋아하는 경향이 있다. 좋음과 싫음으로 판단하는 경향이 강하고 타인에 대해서 동정심이 많은 반면, 엄격한 면이 부족한 경향이 있다. 환경에 대해서는 순응적이고, 예측할 수 없다해도 태연하게 행동하는 경향이 있다.

⑥ 내향 – 감각 – 감정 – 판단(TYPE F) : 관심이 내면으로 향하고 얌전하며 쑥스러움을 많이 탄다. 사물을 보는 관점은 상식적이고 논리적으로 생각하는 것보다도 경험을 중요시하는 경향이 있다. 좋고 싫음으로 판단하는 경향이 강하고 사람이 좋은 반면, 개인적 취향이나 소원에 영향을 받는 일이 많은 경향이 있다. 환경에 대해서는 영향을 받지 않고, 자기 페이스대로 꾸준히 성취하는 일을 잘한다.

⑦ 내향 – 감각 – 사고 – 지각(TYPE G) : 관심이 내면으로 향하고 얌전하고 교제범위가 좁다. 사물을 보는 관점은 상식적인 동시에 실천적이며, 틀에 박힌 형식을 좋아한다. 논리적으로 판단하는 경향이 강하고 침착하지만 사람에 대해서는 엄격하여 차가운 인상을 주는 일이 많다. 환경에 대해서 순응적이고, 계획적으로 행동하지 않으며 자유로운 행동을 좋아하는 경향이 있다.

⑧ 내향 – 감각 – 사고 – 판단(TYPE H) : 관심이 내면으로 향하고 주의 깊고 신중하게 행동을 한다. 사물을 보는 관점이 상식적이고 새롭고 경험하지 못한 일에 대응을 잘 하지 못한다. 논리적으로 생각하고 판단하는 경향이 강하고, 공평하지만 상대방의 감정에 대해 배려가 부족할 때가 있다. 환경에 대해서는 작용하는 편이고, 질서 있게 행동하는 것을 좋아한다.

⑨ 외향 – 직관 – 감정 – 지각(TYPE I) : 관심이 외향으로 향하고 밝고 활동적이며 교제범위가 넓다. 사물을 보는 관점은 독창적이고 호기심이 강하며 새로운 것을 생각하는 것을 좋아한다. 좋음 싫음으로 판단하는 경향이 강하다. 사람은 좋은 반면 개인적 취향이나 소원에 영향을 받는 일이 많은 편이다.

⑩ 외향 – 직관 – 감정 – 판단(TYPE J) : 관심이 외향으로 향하고 개방적이며 누구와도 쉽게 친해질 수 있다. 사물을 보는 관점은 독창적이고 자기 나름대로 궁리하고 생각하는 면이 많다. 좋음과 싫음으로 판단하는 경향이 강하고, 타인에 대해 동정적이기 쉽고 엄격함이 부족한 경향이 있다. 환경에 대해서는 작용하는 편이고 질서 있는 행동을 하는 것을 좋아한다.

⑪ 외향 – 직관 – 사고 – 지각(TYPE K) : 관심이 외향으로 향하고 태도가 분명하며 활동적이다. 사물을 보는 관점은 독창적이고 현실과 거리가 있는 추상적인 것을 생각하는 것을 좋아한다. 논리적으로 생각하고 판단하는 경향이 강하고, 공평하지만 상대에 대한 배려가 부족할 때가 있다.

⑫ 외향 – 직관 – 사고 – 판단(TYPE L) : 관심이 외향으로 향하고 밝고 명랑한 성격이며 사교적인 것을 좋아한다. 사물을 보는 관점은 독창적이고 논리적인 것을 좋아하기 때문에 이치를 따지는 경향이 있다. 논리적으로 생각하고 판단하는 경향이 강하고 침착성이 뛰어나지만 사람에 대해서 엄격하고 차가운 인상을 주는 경우가 많다. 환경에 대해 작용하는 편이고 계획을 세우고 착실하게 실행하는 것을 좋아한다.

⑬ 외향 – 감각 – 감정 – 지각(TYPE M) : 관심이 외향으로 향하고 밝고 활동적이고 교제범위가 넓다. 사물을 보는 관점은 상식적이고 종래대로 있는 것을 좋아한다. 보수적인 경향이 있고 좋아함과 싫어함으로 판단하는 경향이 강하며 타인에게는 친절한 반면, 우유부단한 경우가 많다. 환경에 대해 순응적이고, 융통성이 있고 임기응변으로 대응할 가능성이 높다.

⑭ 외향 – 감각 – 감정 – 판단(TYPE N) : 관심이 외향으로 향하고 개방적이며 누구와도 쉽게 대면할 수 있다. 사물을 보는 관점은 상식적이고 논리적으로 생각하기보다는 경험을 중시하는 편이다. 좋아함과 싫어함으로 판단하는 경향이 강하고 감정이 풍부하며 따뜻한 느낌이 있는 반면에 합리성이 부족한 경우가 많다. 환경에 대해서 작용하는 편이고, 한 번 결정한 것은 끈질기게 실행하려고 한다.

⑮ 외향 – 감각 – 사고 – 지각(TYPE O) : 관심이 외향으로 향하고 시원한 태도이며 활동적이다. 사물을 보는 관점이 상식적이며 동시에 실천적이고 명백한 형식을 좋아하는 경향이 있다. 논리적으로 생각하고 판단하는 경향이 강하고, 객관적이지만 상대 마음에 대해 배려가 부족한 경향이 있다.

⑯ 외향 – 감각 – 사고 – 판단(TYPE P) : 관심이 외향으로 향하고 밝고 명랑하며 사교적인 것을 좋아한다. 사물을 보는 관점은 상식적이고 경험하지 못한 새로운 것에 대응을 잘 하지 못한다. 논리적으로 생각하고 판단하는 경향이 강하고 이성적이지만 사람의 감정에 무심한 경향이 있다. 환경에 대해서는 작용하는 편이고, 자기 페이스대로 꾸준히 성취하는 것을 잘한다.

04 인성검사의 대책

(1) 미리 알아두어야 할 점

① 출제문항수 … 인성검사의 출제문항수는 특별히 정해진 것이 아니며 농협은 각 지역농협별로 달라질 수 있다. 보통 160문항 이상에서 350문항까지 출제된다고 예상하면 된다.

② 출제형식

　㉠ '예' 아니면 '아니오'의 형식

EXAMPLE

예제 다음 문항을 읽고 자신이 해당될 경우 '예', 해당되지 않을 경우 '아니오'에 ○표를 하시오.

질문	예	아니오
1. 자신의 생각이나 의견은 좀처럼 변하지 않는다.	○	
2. 구입한 후 끝까지 읽지 않은 책이 많다.		○

예제 다음 문항에 대해서 평소에 자신이 생각하고 있는 것이나 행동하고 있는 것에 ○표를 하시오.

질문	그렇다	약간 그렇다	그저 그렇다	별로 그렇지 않다	그렇지 않다
1. 시간에 쫓기는 것이 싫다.		○			
2. 여행가기 전에 계획을 세운다.			○		

　㉡ A와 B의 선택형식

EXAMPLE

예제 A와 B에 주어진 문장을 읽고 자신에게 해당되는 것을 고르시오.

질문	선택
A : 걱정거리가 있어서 잠을 못 잘 때가 있다.	(○)
B : 걱정거리가 있어도 잠을 잘 잔다.	( )

---

(2) 임하는 자세

① 솔직하게 있는 그대로 표현한다 … 인성검사는 평범한 일상생활 내용들을 다룬 짧은 문장과 어떤 대상이나 일에 대한 선호를 선택하는 문장으로 구성되었으므로 평소에 자신이 생각한 바를 너무 골똘히 생각하지 말고 문제를 보는 순간 떠오른 것을 표현한다.

② 모든 문제를 신속하게 대답한다 … 인성검사는 시간 제한이 없는 것이 원칙이지만 기업체들은 일정한 시간 제한을 두고 있다. 인성검사는 개인의 성격과 자질을 알아보기 위한 검사이기 때문에 정답이 없다. 다만, 기업체에서 바람직하게 생각하거나 기대되는 결과가 있을 뿐이다. 따라서 시간에 쫓겨서 대충 대답을 하는 것은 바람직하지 못하다.

CHAPTER

02 인성검사 예시

▌1~10▌ 다음 질문에 대해서 평소 자신이 생각하고 있는 것이나 행동하고 있는 것에 대해 박스에 주어진 응답요령에 따라 답하시오.

응답요령

• 응답 Ⅰ : 제시된 문항들을 읽은 다음 각각의 문항에 대해 자신이 동의하는 정도를 ①(전혀 그렇지 않다)~⑤(매우 그렇다)으로 표시하면 된다.
• 응답 Ⅱ : 제시된 문항들을 비교하여 상대적으로 자신의 성격과 가장 가까운 문항 하나와 가장 거리가 먼 문항 하나를 선택하여야 한다(응답 Ⅱ의 응답은 가깝다 1개, 멀다 1개, 무응답 2개이어야 한다).

1

문항예시	응답 Ⅰ					응답 Ⅱ	
	①	②	③	④	⑤	멀다	가깝다
A. 몸을 움직이는 것을 좋아하지 않는다.							
B. 쉽게 질리는 편이다.							
C. 경솔한 편이라고 생각한다.							
D. 인생의 목표는 손이 닿을 정도면 된다.							

2

문항예시	응답 Ⅰ					응답 Ⅱ	
	①	②	③	④	⑤	멀다	가깝다
A. 무슨 일도 좀처럼 시작하지 못한다.							
B. 초면인 사람과도 바로 친해질 수 있다.							
C. 행동하고 나서 생각하는 편이다.							
D. 쉬는 날은 집에 있는 경우가 많다.							

3

문항예시	응답 I					응답 II	
	①	②	③	④	⑤	멀다	가깝다
A. 조금이라도 나쁜 소식은 절망의 시작이라고 생각해 버린다.							
B. 언제나 실패가 걱정이 되어 어쩔 줄 모른다.							
C. 다수결의 의견에 따르는 편이다.							
D. 혼자서 음식점에 들어가는 것은 전혀 두려운 일이 아니다.							

4

문항예시	응답 I					응답 II	
	①	②	③	④	⑤	멀다	가깝다
A. 승부근성이 강하다.							
B. 자주 흥분해서 침착하지 못하다.							
C. 지금까지 살면서 타인에게 폐를 끼친 적이 없다.							
D. 소곤소곤 이야기하는 것을 보면 자기에 대해 험담하고 있는 것으로 생각된다.							

5

문항예시	응답 I					응답 II	
	①	②	③	④	⑤	멀다	가깝다
A. 무엇이든지 자기가 나쁘다고 생각하는 편이다.							
B. 자신을 변덕스러운 사람이라고 생각한다.							
C. 고독을 즐기는 편이다.							
D. 자존심이 강하다고 생각한다.							

6

문항예시	응답 I					응답 II	
	①	②	③	④	⑤	멀다	가깝다
A. 금방 흥분하는 성격이다.							
B. 거짓말을 한 적이 없다.							
C. 신경질적인 편이다.							
D. 끙끙대며 고민하는 타입이다.							

7

문항예시	응답 I					응답 II	
	①	②	③	④	⑤	멀다	가깝다
A. 감정적인 사람이라고 생각한다.							
B. 자신만의 신념을 가지고 있다.							
C. 다른 사람을 바보 같다고 생각한 적이 있다.							
D. 금방 말해버리는 편이다.							

8

문항예시	응답 I					응답 II	
	①	②	③	④	⑤	멀다	가깝다
A. 충동적인 편이다.							
B. 계절에 영향을 많이 받는다.							
C. 특별히 좋아하는 시간대가 있다.							
D. 건강관리에 신경을 쓴다.							

9

문항예시	응답 I					응답 II	
	①	②	③	④	⑤	멀다	가깝다
A. 물욕이 강하다.							
B. 식물을 키우는 것을 좋아한다.							
C. 스포츠는 하는 것보다 보는 것을 즐긴다.							
D. 드라마보다 뉴스를 선호한다.							

10

문항예시	응답 I					응답 II	
	①	②	③	④	⑤	멀다	가깝다
A. 집권여당이 바뀌는 것이 내 삶에 큰 영향을 미친다고 생각한다.							
B. 청소를 잘하는 편이다.							
C. 주말을 기다린다.							
D. 아침에 일어나는 것이 행복하다.							

▌1～13▐ 다음 각 문제에서 제시된 4개의 질문 중 자신의 생각과 일치하거나 자신을 가장 잘 나타내는 질문과 가장 거리가 먼 질문을 각각 하나씩 고르시오.

	질문	가깝다	멀다
1	계획적으로 일을 하는 것을 좋아한다.		
	꼼꼼하게 일을 마무리 하는 편이다.		
	새로운 방법으로 문제를 해결하는 것을 좋아한다.		
	빠르고 신속하게 일을 처리해야 마음이 편하다.		
2	문제를 해결하기 위해 여러 사람과 상의한다.		
	어떠한 결정을 내릴 때 신중한 편이다.		
	시작한 일은 반드시 완성시킨다.		
	문제를 현실적이고 객관적으로 해결한다.		
3	글보다 말로 표현하는 것이 편하다.		
	논리적인 원칙에 따라 사실을 조직하는 것이 좋다.		
	집중력이 강하고 매사에 철저하다.		
	자기능력을 뽐내지 않고 겸손하다.		
4	융통성 있게 업무를 처리한다.		
	질문을 받으면 충분히 생각하고 나서 대답한다.		
	긍정적이고 낙천적인 사고방식을 갖고 있다.		
	매사에 적극적인 편이다.		
5	기발한 아이디어를 많이 낸다.		
	새로운 일 하는 것을 좋아한다.		
	타인의 견해를 잘 고려한다.		
	사람들을 잘 설득시킨다.		
6	나는 종종 화가 날 때가 있다.		
	나는 화를 잘 참지 못한다.		
	나는 단호하고 통솔력이 있다.		
	나는 집단을 이끌어가는 능력이 있다.		
7	나는 조용하고 성실하다.		
	나는 책임감이 강하다.		
	나는 독창적이며 창의적이다.		
	나는 복잡한 문제도 간단하게 해결한다.		

질문		가깝다	멀다
8	나는 관심 있는 분야에 몰두하는 것이 즐겁다.		
	나는 목표를 달성하는 것을 중요하게 생각한다.		
	나는 상황에 따라 일정을 조율하는 융통성이 있다.		
	나는 의사결정에 신속함이 있다.		
9	나는 정리 정돈과 계획에 능하다.		
	나는 사람들의 관심을 받는 것이 기분 좋다.		
	나는 때로는 고집스러울 때도 있다.		
	나는 원리원칙을 중시하는 편이다.		
10	나는 맡은 일에 헌신적이다.		
	나는 타인의 감정에 민감하다.		
	나는 목적과 방향은 변화할 수 있다고 생각한다.		
	나는 다른 사람과 의견의 충돌은 피하고 싶다.		
11	나는 구체적인 사실을 잘 기억하는 편이다.		
	나는 새로운 일을 시도하는 것이 즐겁다.		
	나는 겸손하다.		
	나는 다른 사람과 별다른 마찰이 없다.		
12	나는 나이에 비해 성숙한 편이다.		
	나는 유머감각이 있다.		
	나는 다른 사람의 생각이나 의견을 중요시 생각한다.		
	나는 솔직하고 단호한 편이다.		
11	나는 구체적인 사실을 잘 기억하는 편이다.		
	나는 새로운 일을 시도하는 것이 즐겁다.		
	나는 겸손하다.		
	나는 다른 사람과 별다른 마찰이 없다.		
12	나는 나이에 비해 성숙한 편이다.		
	나는 유머감각이 있다.		
	나는 다른 사람의 생각이나 의견을 중요시 생각한다.		
	나는 솔직하고 단호한 편이다.		
13	나는 낙천적이고 긍정적이다.		
	나는 집단을 이끌어가는 능력이 있다.		
	나는 사람들에게 인기가 많다.		
	나는 활동을 조직하고 주도해나가는데 능하다.		

      있다   없다

1. 조금이라도 나쁜 소식은 절망의 시작이라고 생각해버린다. ···································· (   )(   )

2. 언제나 실패가 걱정이 되어 어쩔 줄 모른다. ·· (   )(   )

3. 다수결의 의견에 따르는 편이다. ·· (   )(   )

4. 혼자서 커피숍에 들어가는 것은 전혀 두려운 일이 아니다. ···································· (   )(   )

5. 승부근성이 강하다. ··· (   )(   )

6. 자주 흥분해서 침착하지 못하다. ·· (   )(   )

7. 지금까지 살면서 타인에게 폐를 끼친 적이 없다. ·· (   )(   )

8. 소곤소곤 이야기하는 것을 보면 자기에 대해 험담하고 있는 것으로 생각된다. ······· (   )(   )

9. 무엇이든지 자기가 나쁘다고 생각하는 편이다. ·· (   )(   )

10. 자신을 변덕스러운 사람이라고 생각한다. ·· (   )(   )

11. 고독을 즐기는 편이다. ··· (   )(   )

12. 자존심이 강하다고 생각한다. ··· (   )(   )

13. 금방 흥분하는 성격이다. ·· (   )(   )

14. 거짓말을 한 적이 없다. ·· (   )(   )

15. 신경질적인 편이다. ·· (   )(   )

16. 끙끙대며 고민하는 타입이다. ··· (   )(   )

17. 감정적인 사람이라고 생각한다. ·· (   )(   )

18. 자신만의 신념을 가지고 있다. ·· (   )(   )

19. 다른 사람을 바보 같다고 생각한 적이 있다. ·· (   )(   )

20. 금방 말해버리는 편이다. ·· (   )(   )

21. 싫어하는 사람이 없다. ··· (   )(   )

22. 대재앙이 오지 않을까 항상 걱정을 한다. ·· (   )(   )

23. 쓸데없는 고생을 하는 일이 많다. ··· (   )(   )

24. 자주 생각이 바뀌는 편이다. ··· (   )(   )

25. 문제점을 해결하기 위해 여러 사람과 상의한다. ··· (   )(   )

26. 내 방식대로 일을 한다. ·· (   )(   )

27. 영화를 보고 운 적이 많다. ··· (   )(   )

28. 어떤 것에 대해서도 화낸 적이 없다. ··· (   )(   )

29. 사소한 충고에도 걱정을 한다. ··· ( )( )

30. 자신은 도움이 안 되는 사람이라고 생각한다. ······································· ( )( )

31. 금방 싫증을 내는 편이다. ·· ( )( )

32. 개성적인 사람이라고 생각한다. ··· ( )( )

33. 자기주장이 강한 편이다. ·· ( )( )

34. 뒤숭숭하다는 말을 들은 적이 있다. ·· ( )( )

35. 학교를 쉬고 싶다고 생각한 적이 한 번도 없다. ································ ( )( )

36. 사람들과 관계 맺는 것을 잘하지 못한다. ···································· ( )( )

37. 사려 깊은 편이다. ·· ( )( )

38. 몸을 움직이는 것을 좋아한다. ··· ( )( )

39. 끈기가 있는 편이다. ·· ( )( )

40. 신중한 편이라고 생각한다. ·· ( )( )

41. 인생의 목표는 큰 것이 좋다. ·· ( )( )

42. 어떤 일이라도 바로 시작하는 타입이다. ··· ( )( )

43. 낯가림을 하는 편이다. ··· ( )( )

44. 생각하고 나서 행동하는 편이다. ·· ( )( )

45. 쉬는 날은 밖으로 나가는 경우가 많다. ·· ( )( )

46. 시작한 일은 반드시 완성시킨다. ·· ( )( )

47. 면밀한 계획을 세운 여행을 좋아한다. ·· ( )( )

48. 야망이 있는 편이라고 생각한다. ·· ( )( )

49. 활동력이 있는 편이다. ··· ( )( )

50. 많은 사람들과 왁자지껄하게 식사하는 것을 좋아하지 않는다. ········· ( )( )

▌1~10▌ 다음 주어진 보기 중에서 자신과 가장 가깝다고 생각하는 것은 'ㄱ'에 표시하고, 자신과 가장 멀다고 생각하는 것은 'ㅁ'에 표시하시오.

1
① 모임에서 리더에 어울리지 않는다고 생각한다.
② 착실한 노력으로 성공한 이야기를 좋아한다.
③ 어떠한 일에도 의욕이 없이 임하는 편이다.
④ 학급에서는 존재가 두드러졌다.

ㄱ	① ② ③ ④
ㅁ	① ② ③ ④

2
① 아무것도 생각하지 않을 때가 많다.
② 스포츠는 하는 것보다는 보는 게 좋다.
③ 성격이 급한 편이다.
④ 비가 오지 않으면 우산을 가지고 가지 않는다.

ㄱ	① ② ③ ④
ㅁ	① ② ③ ④

3
① 1인자보다는 조력자의 역할을 좋아한다.
② 의리를 지키는 타입이다.
③ 리드를 하는 편이다.
④ 남의 이야기를 잘 들어준다.

ㄱ	① ② ③ ④
ㅁ	① ② ③ ④

4
① 여유 있게 대비하는 타입이다.
② 업무가 진행 중이라도 야근을 하지 않는다.
③ 즉흥적으로 약속을 잡는다.
④ 노력하는 과정이 결과보다 중요하다.

ㄱ	① ② ③ ④
ㅁ	① ② ③ ④

5
① 무리해서 행동할 필요는 없다.
② 유행에 민감하다고 생각한다.
③ 정해진 대로 움직이는 편이 안심된다.
④ 현실을 직시하는 편이다.

ㄱ	① ② ③ ④
ㅁ	① ② ③ ④

6
① 자유보다 질서를 중요시하는 편이다.
② 사람들과 이야기하는 것을 좋아한다.
③ 경험에 비추어 판단하는 편이다.
④ 영화나 드라마는 각본의 완성도나 화면구성에 주목한다.

ㄱ	① ② ③ ④
ㅁ	① ② ③ ④

7
① 혼자 자유롭게 생활하는 것이 편하다.
② 다른 사람의 소문에 관심이 많다.
③ 실무적인 편이다.
④ 비교적 냉정한 편이다.

ㄱ	① ② ③ ④
ㅁ	① ② ③ ④

8
① 협조성이 있다고 생각한다.
② 친한 친구의 휴대폰 번호는 대부분 외운다.
③ 정해진 순서에 따르는 것을 좋아한다.
④ 이성적인 사람으로 남고 싶다.

ㄱ	① ② ③ ④
ㅁ	① ② ③ ④

9
① 단체 생활을 잘 한다.
② 세상의 일에 관심이 많다.
③ 안정을 추구하는 편이다.
④ 도전하는 것이 즐겁다.

ㄱ	① ② ③ ④
ㅁ	① ② ③ ④

10
① 되도록 환경은 변하지 않는 것이 좋다.
② 밝은 성격이다.
③ 지나간 일에 연연하지 않는다.
④ 활동범위가 좁은 편이다.

ㄱ	① ② ③ ④
ㅁ	① ② ③ ④

PART

IV

면접

01 면접의 기본

02 면접기출

CHAPTER 01

면접의 기본

01 면접준비

(1) 면접의 기본 원칙

① 면접의 의미 … 다양한 면접기법을 활용하여 지원한 직무에 필요한 능력을 지원자가 보유하고 있는 지를 확인하는 절차라고 할 수 있다. 즉, 지원자의 입장에서는 채용 직무수행에 필요한 요건들과 관련하여 자신의 환경, 경험, 관심사, 성취 등에 대해 기업에 직접 어필할 수 있는 기회를 제공받는 것이며, 기업의 입장에서는 서류전형만으로 알 수 없는 지원자에 대한 정보를 직접적으로 수집하고 평가하는 것이다.

② 면접의 특징 … 면접은 기업의 입장에서 서류전형이나 필기전형에서 드러나지 않는 지원자의 능력이나 성향을 볼 수 있는 기회로, 면대면으로 이루어지며 즉흥적인 질문들이 포함될 수 있기 때문에 지원자가 완벽하게 준비하기 어려운 부분이 있다. 하지만 지원자 입장에서도 서류전형이나 필기전형에서 모두 보여주지 못한 자신의 능력 등을 기업의 인사담당자에게 어필할 수 있는 추가적인 기회가 될 수도 있다.

[서류 · 필기전형과 차별화되는 면접의 특징]

- 직무수행과 관련된 다양한 지원자 행동에 대한 관찰이 가능하다.
- 면접관이 알고자 하는 정보를 심층적으로 파악할 수 있다.
- 서류상의 미비한 사항과 의심스러운 부분을 확인할 수 있다.
- 커뮤니케이션 능력, 대인관계 능력 등 행동 · 언어적 정보도 얻을 수 있다.

③ 면접의 유형

　ⓐ 구조화 면접 : 사전에 계획을 세워 질문의 내용과 방법, 지원자의 답변 유형에 따른 추가 질문과 그에 대한 평가 역량이 정해져 있는 면접 방식으로 표준화 면접이라고도 한다.

　　• 표준화된 질문이나 평가요소가 면접 전 확정되며, 지원자는 편성된 조나 면접관에 영향을 받지 않고 동일한 질문과 시간을 부여받을 수 있다.

　　• 조직 또는 직무별로 주요하게 도출된 역량을 기반으로 평가요소가 구성되어, 조직 또는 직무에서 필요한 역량을 가진 지원자를 선발할 수 있다.

　　• 표준화된 형식을 사용하는 특성 때문에 비구조화 면접에 비해 신뢰성과 타당성, 객관성이 높다.

　ⓑ 비구조화 면접 : 면접 계획을 세울 때 면접 목적만을 명시하고 내용이나 방법은 면접관에게 전적으로 일임하는 방식으로 비표준화 면접이라고도 한다.

　　• 표준화된 질문이나 평가요소 없이 면접이 진행되며, 편성된 조나 면접관에 따라 지원자에게 주어지는 질문이나 시간이 다르다.

　　• 면접관의 주관적인 판단에 따라 평가가 이루어져 평가 오류가 빈번히 일어난다.

　　• 상황 대처나 언변이 뛰어난 지원자에게 유리한 면접이 될 수 있다.

④ 경쟁력 있는 면접 요령

　ⓐ 면접 전에 준비하고 유념할 사항

　　• 예상 질문과 답변을 미리 작성한다.

　　• 작성한 내용을 문장으로 외우지 않고 키워드로 기억한다.

　　• 지원한 회사의 최근 기사를 검색하여 기억한다.

　　• 지원한 회사가 속한 산업군의 최근 기사를 검색하여 기억한다.

　　• 면접 전 1주일간 이슈가 되는 뉴스를 기억하고 자신의 생각을 반영하여 정리한다.

　　• 찬반토론에 대비한 주제를 목록으로 정리하여 자신의 논리를 내세운 예상답변을 작성한다.

　ⓑ 면접장에서 유념할 사항

　　• 질문의 의도 파악 : 답변을 할 때에는 질문 의도를 파악하고 그에 충실한 답변이 될 수 있도록 질문사항을 유념해야 한다. 많은 지원자가 하는 실수 중 하나로 답변을 하는 도중 자기 말에 심취되어 질문의 의도와 다른 답변을 하거나 자신이 알고 있는 지식만을 나열하는 경우가 있는데, 이럴 경우 의사소통능력이 부족한 사람으로 인식될 수 있으므로 주의하도록 한다.

　　• 답변은 두괄식 : 답변을 할 때에는 두괄식으로 결론을 먼저 말하고 그 이유를 설명하는 것이 좋다. 미괄식으로 답변을 할 경우 용두사미의 답변이 될 가능성이 높으며, 결론을 이끌어 내는 과정에서 논리성이 결여될 우려가 있다. 또한 면접관이 결론을 듣기 전에 말을 끊고 다른 질문을 추가하는 예상치 못한 상황이 발생될 수 있으므로 답변은 자신이 전달하고자 하는 바를 먼저 밝히고 그에 대한 설명을 하는 것이 좋다.

- 지원한 회사의 기업정신과 인재상을 기억 : 답변을 할 때에는 회사가 원하는 인재라는 인상을 심어주기 위해 지원한 회사의 기업정신과 인재상 등을 염두에 두고 답변을 하는 것이 좋다. 모든 회사에 해당되는 두루뭉술한 답변보다는 지원한 회사에 맞는 맞춤형 답변을 하는 것이 좋다.
- 나보다는 회사와 사회적 관점에서 답변 : 답변을 할 때에는 자기중심적인 관점을 피하고 좀 더 넓은 시각으로 회사와 국가, 사회적 입장까지 고려하는 인재임을 어필하는 것이 좋다. 자기중심적 시각을 바탕으로 자신의 출세만을 위해 회사에 입사하려는 인상을 심어줄 경우 면접에서 불이익을 받을 가능성이 높다.
- 난처한 질문은 정직한 답변 : 난처한 질문에 답변을 해야 할 때에는 피하기보다는 정면 돌파로 정직하고 솔직하게 답변하는 것이 좋다. 난처한 부분을 감추고 드러내지 않으려 회피하는 지원자의 모습은 인사담당자에게 입사 후에도 비슷한 상황에 처했을 때 회피할 수도 있다는 우려를 심어줄 수 있다. 따라서 직장생활에 있어 중요한 덕목 중 하나인 정직을 바탕으로 솔직하게 답변을 하도록 한다.

(2) 면접의 종류 및 준비 전략

① 인성면접

    ㉠ 면접 방식 및 판단기준

- 면접 방식 : 인성면접은 면접관이 가지고 있는 개인적 면접 노하우나 관심사에 의해 질문을 실시한다. 주로 입사지원서나 자기소개서의 내용을 토대로 지원동기, 과거의 경험, 미래 포부 등을 이야기하도록 하는 방식이다.
- 판단기준 : 면접관의 개인적 가치관과 경험, 해당 역량의 수준, 경험의 구체성·진실성 등

    ㉡ 특징 : 인성면접은 그 방식으로 인해 역량과 무관한 질문들이 많고 지원자에게 주어지는 면접질문, 시간 등이 다를 수 있다. 또한 입사지원서나 자기소개서의 내용을 토대로 하기 때문에 지원자별 질문이 달라질 수 있다.

ⓒ 예시 문항 및 준비전략

• 예시 문항

> • 3분 동안 자기소개를 해 보십시오.
> • 자신의 장점과 단점을 말해 보십시오.
> • 학점이 좋지 않은데 그 이유가 무엇입니까?
> • 최근에 인상 깊게 읽은 책은 무엇입니까?
> • 회사를 선택할 때 중요시하는 것은 무엇입니까?
> • 일과 개인생활 중 어느 쪽을 중시합니까?
> • 10년 후 자신은 어떤 모습일 것이라고 생각합니까?
> • 휴학 기간 동안에는 무엇을 했습니까?

• 준비전략 : 인성면접은 입사지원서나 자기소개서의 내용을 바탕으로 하는 경우가 많으므로 자신이 작성한 입사지원서와 자기소개서의 내용을 충분히 숙지하도록 한다. 또한 최근 사회적으로 이슈가 되고 있는 뉴스에 대한 견해를 묻거나 시사상식 등에 대한 질문을 받을 수 있으므로 이에 대한 대비도 필요하다. 자칫 부담스러워 보이지 않는 질문으로 가볍게 대답하지 않도록 주의하고 모든 질문에 입사 의지를 담아 성실하게 답변하는 것이 중요하다.

② 발표면접

㉠ 면접 방식 및 판단기준

• 면접 방식 : 지원자가 특정 주제와 관련된 자료를 검토하고 그에 대한 자신의 생각을 면접관 앞에서 주어진 시간 동안 발표하고 추가 질의를 받는 방식으로 진행된다.

• 판단기준 : 지원자의 사고력, 논리력, 문제해결력 등

㉡ 특징 : 발표면접은 지원자에게 과제를 부여한 후, 과제를 수행하는 과정과 결과를 관찰·평가한다. 따라서 과제수행 결과뿐 아니라 수행과정에서의 행동을 모두 평가할 수 있다.

ⓒ 예시 문항 및 준비전략

• 예시 문항

[신입사원 조기 이직 문제]

※ 지원자는 아래에 제시된 자료를 검토한 뒤, 신입사원 조기 이직의 원인을 크게 3가지로 정리하고 이에 대한 구체적인 개선안을 도출하여 발표해 주시기 바랍니다.

※ 본 과제에 정해진 정답은 없으나 논리적 근거를 들어 개선안을 작성해 주십시오.

• A기업은 동종업계 유사기업들과 비교해 볼 때, 비교적 높은 재무안정성을 유지하고 있으며 업무강도가 그리 높지 않은 것으로 외부에 알려져 있음.

• 최근 조사결과, 동종업계 유사기업들과 연봉을 비교해 보았을 때 연봉 수준도 그리 나쁘지 않은 편이라는 것이 확인되었음.

• 그러나 지난 3년간 1~2년차 직원들의 이직률이 계속해서 증가하고 있는 추세이며, 경영진 회의에서 최우선 해결과제 중 하나로 거론되었음.

• 이에 따라 인사팀에서 현재 1~2년차 사원들을 대상으로 개선되어야 하는 A기업의 조직문화에 대한 설문조사를 실시한 결과, '상명하복식의 의사소통'이 36.7%로 1위를 차지했음.

• 이러한 설문조사와 함께, 신입사원 조기 이직에 대한 원인을 분석한 결과 파랑새 증후군, 셀프홀릭 증후군, 피터팬 증후군 등 3가지로 분류할 수 있었음.

〈동종업계 유사기업들과의 연봉 비교〉

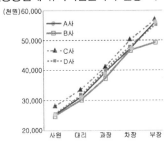

〈우리 회사 조직문화 중 개선되었으면 하는 것〉

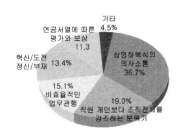

〈신입사원 조기 이직의 원인〉

• 파랑새 증후군
- 현재의 직장보다 더 좋은 직장이 있을 것이라는 막연한 기대감으로 끊임없이 새로운 직장을 탐색함.
- 학력 수준과 맞지 않는 '하향지원', 전공과 적성을 고려하지 않고 일단 취업하고 보자는 '묻지마 지원'이 파랑새 증후군을 초래함.

• 셀프홀릭 증후군
- 본인의 역량에 비해 가치가 낮은 일을 주로 하면서 갈등을 느낌.

• 피터팬 증후군
- 기성세대의 문화를 무조건 수용하기보다는 자유로움과 변화를 추구함.
- 상명하복, 엄격한 규율 등 기성세대가 당연시하는 관행에 거부감을 가지며 직장에 답답함을 느낌.

- 준비전략 : 발표면접의 시작은 과제 안내문과 과제 상황, 과제 자료 등을 정확하게 이해하는 것에서 출발한다. 과제 안내문을 침착하게 읽고 제시된 주제 및 문제와 관련된 상황의 맥락을 파악한 후 과제를 검토한다. 제시된 기사나 그래프 등을 충분히 활용하여 주어진 문제를 해결할 수 있는 해결책이나 대안을 제시하며, 발표를 할 때에는 명확하고 자신 있는 태도로 전달할 수 있도록 한다.

③ 토론면접

　ⓞ 면접 방식 및 판단기준

- 면접 방식 : 상호갈등적 요소를 가진 과제 또는 공통의 과제를 해결하는 내용의 토론 과제를 제시하고, 그 과정에서 개인 간의 상호작용 행동을 관찰하는 방식으로 면접이 진행된다.
- 판단기준 : 팀워크, 적극성, 갈등 조정, 의사소통능력, 문제해결능력 등

　ⓛ 특징 : 토론을 통해 도출해 낸 최종안의 타당성도 중요하지만, 결론을 도출해 내는 과정에서의 의사소통능력이나 갈등상황에서 의견을 조정하는 능력 등이 중요하게 평가되는 특징이 있다.

　ⓒ 예시 문항 및 준비전략

- 예시 문항

> - 군 가산점제 부활에 대한 찬반토론
> - 담뱃값 인상에 대한 찬반토론
> - 비정규직 철폐에 대한 찬반토론
> - 대학의 영어 강의 확대 찬반토론
> - 워크숍 장소 선정을 위한 토론

- 준비전략 : 토론면접은 무엇보다 팀워크와 적극성이 강조된다. 따라서 토론과정에 적극적으로 참여하며 자신의 의사를 분명하게 전달하며, 갈등상황에서 자신의 의견만 내세울 것이 아니라 다른 지원자의 의견을 경청하고 배려하는 모습도 중요하다. 갈등상황을 일목요연하게 정리하여 조정하는 등의 의사소통능력을 발휘하는 것도 좋은 전략이 될 수 있다.

④ 상황면접

　ⓞ 면접 방식 및 판단기준

- 면접 방식 : 상황면접은 직무 수행 시 접할 수 있는 상황들을 제시하고, 그러한 상황에서 어떻게 행동할 것인지를 이야기하는 방식으로 진행된다.
- 판단기준 : 해당 상황에 적절한 역량의 구현과 구체적 행동지표

　ⓛ 특징 : 실제 직무 수행 시 접할 수 있는 상황들을 제시하므로 입사 이후 지원자의 업무수행능력을 평가하는 데 적절한 면접 방식이다. 또한 지원자의 가치관, 태도, 사고방식 등의 요소를 통합적으로 평가하는 데 용이하다.

ⓒ 예시 문항 및 준비전략

• 예시 문항

> 당신은 생산관리팀의 팀원으로, 생산팀이 기한에 맞춰 효율적으로 제품을 생산할 수 있도록 관리하는
> 역할을 맡고 있습니다. 3개월 뒤에 제품A를 정상적으로 출시하기 위해 생산팀의 생산 계획을 수립한 상
> 황입니다. 그러나 원가가 곧 실적으로 이어지는 구매팀에서는 최대한 원가를 줄여 전반적 단가를 낮추
> 려고 원가절감을 위한 제안을 하였으나, 연구개발팀에서는 구매팀이 제안한 방식으로 제품을 생산할 경
> 우 대부분이 구매팀의 실적으로 산정될 것이므로 제대로 확인도 해보지 않은 채 적합하지 않은 방식이
> 라고 판단하고 있습니다. 당신은 어떻게 하겠습니까?

• 준비전략 : 상황면접은 먼저 주어진 상황에서 핵심이 되는 문제가 무엇인지를 파악하는 것에서
시작한다. 주질문과 세부질문을 통하여 질문의 의도를 파악하였다면, 그에 대한 구체적인 행동
이나 생각 등에 대해 응답할수록 높은 점수를 얻을 수 있다.

⑤ 역할면접

㉠ 면접 방식 및 판단기준

• 면접 방식 : 역할면접 또는 역할연기 면접은 기업 내 발생 가능한 상황에서 부딪히게 되는 문제
와 역할을 가상적으로 설정하여 특정 역할을 맡은 사람과 상호작용하고 문제를 해결해 나가도록
하는 방식으로 진행된다. 역할연기 면접에서는 면접관이 직접 역할연기를 하면서 지원자를 관찰
하기도 하지만, 역할연기 수행만 전문적으로 하는 사람을 투입할 수도 있다.

• 판단기준 : 대처능력, 대인관계능력, 의사소통능력 등

㉡ 특징 : 역할면접은 실제 상황과 유사한 가상 상황에서의 행동을 관찰함으로서 지원자의 성격이나
대처 행동 등을 관찰할 수 있다.

㉢ 예시 문항 및 준비전략

• 예시 문항

> **[금융권 역할면접의 예]**
> 당신은 ○○은행의 신입 텔러이다. 사람이 많은 월말 오전 한 할아버지(면접관 또는 역할담당자)께서 ○
> ○은행을 사칭한 보이스피싱으로 인해 500만 원을 피해 보았다며 소란을 일으키고 있다. 실제 업무상황
> 이라고 생각하고 상황에 대처해 보시오.

- 준비전략 : 역할연기 면접에서 측정하는 역량은 주로 갈등의 원인이 되는 문제를 해결 하고 제시된 해결방안을 상대방에게 설득하는 것이다. 따라서 갈등해결, 문제해결, 조정·통합, 설득력과 같은 역량이 중요시된다. 또한 갈등을 해결하기 위해서 상대방에 대한 이해도 필수적인 요소이므로 고객 지향을 염두에 두고 상황에 맞게 대처해야 한다.

  역할면접에서는 변별력을 높이기 위해 면접관이 압박적인 분위기를 조성하는 경우가 많기 때문에 스트레스 상황에서 불안해하지 않고 유연하게 대처할 수 있도록 시간과 노력을 들여 충분히 연습하는 것이 좋다.

02 면접 이미지 메이킹

(1) 성공적인 이미지 메이킹 포인트

① 복장 및 스타일

　㉠ 남성

- 양복 : 양복은 단색으로 하며 넥타이나 셔츠로 포인트를 주는 것이 효과적이다. 짙은 회색이나 감청색이 가장 단정하고 품위 있는 인상을 준다.
- 셔츠 : 흰색이 가장 선호되나 자신의 피부색에 맞추는 것이 좋다. 푸른색이나 베이지색은 산뜻한 느낌을 줄 수 있다. 양복과의 배색도 고려하도록 한다.
- 넥타이 : 의상에 포인트를 줄 수 있는 아이템이지만 너무 화려한 것은 피한다. 지원자의 피부색은 물론, 정장과 셔츠의 색을 고려하며, 체격에 따라 넥타이 폭을 조절하는 것이 좋다.
- 구두 & 양말 : 구두는 검정색이나 짙은 갈색이 어느 양복에나 무난하게 어울리며 깔끔하게 닦아 준비한다. 양말은 정장과 동일한 색상이나 검정색을 착용한다.
- 헤어스타일 : 머리스타일은 단정한 느낌을 주는 짧은 헤어스타일이 좋으며 앞머리가 있다면 이마나 눈썹을 가리지 않는 선에서 정리하는 것이 좋다.

ⓒ 여성

- 의상 : 단정한 스커트 투피스 정장이나 슬랙스 슈트가 무난하다. 블랙이나 그레이, 네이비, 브라운 등 차분해 보이는 색상을 선택하는 것이 좋다.
- 소품 : 구두, 핸드백 등은 같은 계열로 코디하는 것이 좋으며 구두는 너무 화려한 디자인이나 굽이 높은 것을 피한다. 스타킹은 의상과 구두에 맞춰 단정한 것으로 선택한다.
- 액세서리 : 액세서리는 너무 크거나 화려한 것은 좋지 않으며 과하게 많이 하는 것도 좋은 인상을 주지 못한다. 착용하지 않거나 작고 깔끔한 디자인으로 포인트를 주는 정도가 적당하다.
- 메이크업 : 화장은 자연스럽고 밝은 이미지를 표현하는 것이 좋으며 진한 색조는 인상이 강해 보일 수 있으므로 피한다.
- 헤어스타일 : 커트나 단발처럼 짧은 머리는 활동적이면서도 단정한 이미지를 줄 수 있도록 정리한다. 긴 머리의 경우 하나로 묶거나 단정한 머리망으로 정리하는 것이 좋으며, 짙은 염색이나 화려한 웨이브는 피한다.

② 인사

ㄱ 인사의 의미 : 인사는 예의범절의 기본이며 상대방의 마음을 여는 기본적인 행동이라고 할 수 있다. 인사는 처음 만나는 면접관에게 호감을 살 수 있는 가장 쉬운 방법이 될 수 있기도 하지만 제대로 예의를 지키지 않으면 지원자의 인성 전반에 대한 평가로 이어질 수 있으므로 각별히 주의해야 한다.

ㄴ 인사의 핵심 포인트

- 인사말 : 인사말을 할 때에는 밝고 친근감 있는 목소리로 하며, 자신의 이름과 수험번호 등을 간략하게 소개한다.
- 시선 : 인사는 상대방의 눈을 보며 하는 것이 중요하며 너무 빤히 쳐다본다는 느낌이 들지 않도록 주의한다.
- 표정 : 인사는 마음에서 우러나오는 존경이나 반가움을 표현하고 예의를 차리는 것이므로 살짝 미소를 지으며 하는 것이 좋다.
- 자세 : 인사를 할 때에는 가볍게 목만 숙인다거나 흐트러진 상태에서 인사를 하지 않도록 주의하며 절도 있고 확실하게 하는 것이 좋다.

③ 시선처리와 표정, 목소리

　㉠ 시선처리와 표정 : 표정은 면접에서 지원자의 첫인상을 결정하는 중요한 요소이다. 얼굴표정은 사람의 감정을 가장 잘 표현할 수 있는 의사소통 도구로 표정 하나로 상대방에게 호감을 주거나, 비호감을 사기도 한다. 호감이 가는 인상의 특징은 부드러운 눈썹, 자연스러운 미간, 적당히 볼록한 광대, 올라간 입 꼬리 등으로 가볍게 미소를 지을 때의 표정과 일치한다. 따라서 면접 중에는 밝은 표정으로 미소를 지어 호감을 형성할 수 있도록 한다. 시선은 면접관과 고르게 맞추되 생기 있는 눈빛을 띄도록 하며, 너무 빤히 쳐다본다는 인상을 주지 않도록 한다.

　㉡ 목소리 : 면접은 주로 면접관과 지원자의 대화로 이루어지므로 목소리가 미치는 영향이 상당하다. 답변을 할 때에는 부드러우면서도 활기차고 생동감 있는 목소리로 하는 것이 면접관에게 호감을 줄 수 있으며 적당한 제스처가 더해진다면 상승효과를 얻을 수 있다. 그러나 적절한 답변을 하였음에도 불구하고 콧소리나 날카로운 목소리, 자신감 없는 작은 목소리는 답변의 신뢰성을 떨어뜨릴 수 있으므로 주의하도록 한다.

④ 자세

　㉠ 걷는 자세

　　• 면접장에 입실할 때에는 상체를 곧게 유지하고 발끝은 평행이 되게 하며 무릎을 스치듯 11자로 걷는다.
　　• 시선은 정면을 향하고 턱은 가볍게 당기며 어깨나 엉덩이가 흔들리지 않도록 주의한다.
　　• 발바닥 전체가 닿는 느낌으로 안정감 있게 걸으며 발소리가 나지 않도록 주의한다.
　　• 보폭은 어깨넓이만큼이 적당하지만, 스커트를 착용했을 경우 보폭을 줄인다.
　　• 걸을 때도 미소를 유지한다.

　㉡ 서있는 자세

　　• 몸 전체를 곧게 펴고 가슴을 자연스럽게 내민 후 등과 어깨에 힘을 주지 않는다.
　　• 정면을 바라본 상태에서 턱을 약간 당기고 아랫배에 힘을 주어 당기며 바르게 선다.
　　• 양 무릎과 발뒤꿈치는 붙이고 발끝은 11자 또는 V형을 취한다.
　　• 남성의 경우 팔을 자연스럽게 내리고 양손을 가볍게 쥐어 바지 옆선에 붙이고, 여성의 경우 공수자세를 유지한다.

ⓒ 앉은 자세

• 남성

> • 의자 깊숙이 앉고 등받이와 등 사이에 주먹 1개 정도의 간격을 두며 기대듯 앉지 않도록 주의한다. (남녀 공통 사항)
> • 무릎 사이에 주먹 2개 정도의 간격을 유지하고 발끝은 11자를 취한다.
> • 시선은 정면을 바라보며 턱은 가볍게 당기고 미소를 짓는다. (남녀 공통 사항)
> • 양손은 가볍게 주먹을 쥐고 무릎 위에 올려놓는다.
> • 앉고 일어날 때에는 자세가 흐트러지지 않도록 주의한다. (남녀 공통 사항)

• 여성

> • 스커트를 입었을 경우 왼손으로 뒤쪽 스커트 자락을 누르고 오른손으로 앞쪽 자락을 누르며 의자에 앉는다.
> • 무릎은 붙이고 발끝을 가지런히 하며, 다리를 왼쪽으로 비스듬히 기울인다.
> • 양손을 모아 무릎 위에 모아 놓으며 스커트를 입었을 경우 스커트 위를 가볍게 누르듯이 올려놓는다.

(2) 면접 예절

① 행동 관련 예절

ⓐ 지각은 절대금물 : 시간을 지키는 것은 예절의 기본이다. 지각을 할 경우 면접에 응시할 수 없거나, 면접 기회가 주어지더라도 불이익을 받을 가능성이 높아진다. 따라서 면접장소가 결정되면 교통편과 소요시간을 확인하고 가능하다면 사전에 미리 방문해 보는 것도 좋다. 면접 당일에는 서둘러 출발하여 면접 시간 20~30분 전에 도착하여 회사를 둘러보고 환경에 익숙해지는 것도 성공적인 면접을 위한 요령이 될 수 있다.

ⓑ 면접 대기 시간 : 지원자들은 대부분 면접장에서의 행동과 답변 등으로만 평가를 받는다고 생각하지만 그렇지 않다. 면접관이 아닌 면접진행자 역시 대부분 인사실무자이며 면접관이 면접 후 지원자에 대한 평가에 있어 확신을 위해 면접진행자의 의견을 구한다면 면접진행자의 의견이 당락에 영향을 줄 수 있다. 따라서 면접 대기 시간에도 행동과 말을 조심해야 하며, 면접을 마치고 돌아가는 순간까지도 긴장을 늦춰서는 안 된다. 면접 중 압박적인 질문에 답변을 잘 했지만, 면접장을 나와 흐트러진 모습을 보이거나 욕설을 한다면 면접 탈락의 요인이 될 수 있으므로 주의해야 한다.

ⓒ 입실 후 태도 : 본인의 차례가 되어 호명되면 또렷하게 대답하고 들어간다. 만약 면접장 문이 닫혀 있다면 상대에게 소리가 들릴 수 있을 정도로 노크를 두세 번 한 후 대답을 듣고 나서 들어가야 한다. 문을 여닫을 때에는 소리가 나지 않게 조용히 하며 공손한 자세로 인사한 후 성명과 수험번호를 말하고 면접관의 지시에 따라 자리에 앉는다. 이 경우 착석하라는 말이 없는데 먼저 의자에 앉으면 무례한 사람으로 보일 수 있으므로 주의한다. 의자에 앉을 때에는 끝에 앉지 말고 무릎 위에 양손을 가지런히 얹는 것이 예절이라고 할 수 있다.

ⓔ 옷매무새를 자주 고치지 마라. : 일부 지원자의 경우 옷매무새 또는 헤어스타일을 자주 고치거나 확인하기도 하는데 이러한 모습은 과도하게 긴장한 것 같아 보이거나 면접에 집중하지 못하는 것으로 보일 수 있다. 남성 지원자의 경우 넥타이를 자꾸 고쳐 맨다거나 정장 상의 끝을 너무 자주 만지작거리지 않는다. 여성 지원자는 머리를 계속 쓸어 올리지 않고, 특히 짧은 치마를 입고서 신경이 쓰여 치마를 끌어 내리는 행동은 좋지 않다.

ⓜ 다리를 떨거나 산만한 시선은 면접 탈락의 지름길 : 자신도 모르게 다리를 떨거나 손가락을 만지는 등의 행동을 하는 지원자가 있는데, 이는 면접관의 주의를 끌 뿐만 아니라 불안하고 산만한 사람이라는 느낌을 주게 된다. 따라서 가능한 한 바른 자세로 앉아 있는 것이 좋다. 또한 면접관과 시선을 맞추지 못하고 여기저기 둘러보는 듯한 산만한 시선은 지원자가 거짓말을 하고 있다고 여겨지거나 신뢰할 수 없는 사람이라고 생각될 수 있다.

② 답변 관련 예절

ⓐ 면접관이나 다른 지원자와 가치 논쟁을 하지 않는다. : 질문을 받고 답변하는 과정에서 면접관 또는 다른 지원자의 의견과 다른 의견이 있을 수 있다. 특히 평소 지원자가 관심이 많은 문제이거나 잘 알고 있는 문제인 경우 자신과 다른 의견에 대해 이의가 있을 수 있다. 하지만 주의할 것은 면접에서 면접관이나 다른 지원자와 가치 논쟁을 할 필요는 없다는 것이며 오히려 불이익을 당할 수도 있다. 정답이 정해져 있지 않은 경우에는 가치관이나 성장배경에 따라 문제를 받아들이는 태도에서 답변까지 충분히 차이가 있을 수 있으므로 굳이 면접관이나 다른 지원자의 가치관을 지적하고 고치려 드는 것은 좋지 않다.

ⓑ 답변은 항상 정직해야 한다. : 면접이라는 것이 아무리 지원자의 장점을 부각시키고 단점을 축소시키는 것이라고 해도 절대로 거짓말을 해서는 안 된다. 거짓말을 하게 되면 지원자는 불안하거나 꺼림칙한 마음이 들게 되어 면접에 집중을 하지 못하게 되고 수많은 지원자를 상대하는 면접관은 그것을 놓치지 않는다. 거짓말은 그 지원자에 대한 신뢰성을 떨어뜨리며 이로 인해 다른 스펙이 아무리 훌륭하다고 해도 채용에서 탈락하게 될 수 있음을 명심하도록 한다.

ⓒ 경력직인 경우 전 직장에 대해 험담하지 않는다. : 지원자가 전 직장에서 무슨 업무를 담당했고 어떤 성과를 올렸는지는 면접관이 관심을 둘 사항일 수 있지만, 이전 직장의 기업문화나 상사들이 어땠는지는 그다지 궁금해 하는 사항이 아니다. 전 직장에 대해 험담을 늘어놓는다든가, 동료와 상사에 대한 악담을 하게 된다면 오히려 지원자에 대한 부정적인 이미지만 심어줄 수 있다. 만약 전 직장에 대한 말을 해야 할 경우가 생긴다면 가능한 한 객관적으로 이야기하는 것이 좋다.

ⓔ 자기 자신이나 배경에 대해 자랑하지 않는다. : 자신의 성취나 부모 형제 등 집안사람들이 사회·경제적으로 어떠한 위치에 있는지에 대한 자랑은 면접관으로 하여금 지원자에 대해 오만한 사람이거나 배경에 의존하려는 나약한 사람이라는 이미지를 갖게 할 수 있다. 따라서 자기 자신이나 배경에 대해 자랑하지 않도록 하고, 자신이 한 일에 대해서 너무 자세하게 얘기하지 않도록 주의해야 한다.

03 면접 질문 및 답변 포인트

(1) 가족 및 대인관계에 관한 질문

① 당신의 가정은 어떤 가정입니까?

면접관들은 지원자의 가정환경과 성장과정을 통해 지원자의 성향을 알고 싶어 이와 같은 질문을 한다. 비록 가정 일과 사회의 일이 완전히 일치하는 것은 아니지만 '가화만사성'이라는 말이 있듯이 가정이 화목해야 사회에서도 화목하게 지낼 수 있기 때문이다. 그러므로 답변 시에는 가족사항을 정확하게 설명하고 집안의 분위기와 특징에 대해 이야기하는 것이 좋다.

② 친구 관계에 대해 말해 보십시오.

지원자의 인간성을 판단하는 질문으로 교우관계를 통해 답변자의 성격과 대인관계능력을 파악할 수 있다. 새로운 환경에 적응을 잘하여 새로운 친구들이 많은 것도 좋지만, 깊고 오래 지속되어온 인간관계를 말하는 것이 더욱 바람직하다.

(2) 성격 및 가치관에 관한 질문

① 당신의 PR포인트를 말해 주십시오.

PR포인트를 말할 때에는 지나치게 겸손한 태도는 좋지 않으며 적극적으로 자기를 주장하는 것이 좋다. 앞으로 입사 후 하게 될 업무와 관련된 자기의 특성을 구체적인 일화를 더하여 이야기하도록 한다.

② 당신의 장·단점을 말해 보십시오.

지원자의 구체적인 장·단점을 알고자 하기 보다는 지원자가 자기 자신에 대해 얼마나 알고 있으며 어느 정도의 객관적인 분석을 하고 있나, 그리고 개선의 노력 등을 시도하는지를 파악하고자 하는 것이다. 따라서 장점을 말할 때는 업무와 관련된 장점을 뒷받침할 수 있는 근거와 함께 제시하며, 단점을 이야기할 때에는 극복을 위한 노력을 반드시 포함해야 한다.

③ 가장 존경하는 사람은 누구입니까?

존경하는 사람을 말하기 위해서는 우선 그 인물에 대해 알아야 한다. 잘 모르는 인물에 대해 존경한다고 말하는 것은 면접관에게 바로 지적당할 수 있으므로, 추상적이라도 좋으니 평소에 존경스럽다고 생각했던 사람에 대해 그 사람의 어떤 점이 좋고 존경스러운지 대답하도록 한다. 또한 자신에게 어떤 영향을 미쳤는지도 언급하면 좋다.

(3) 학교생활에 관한 질문

① 지금까지의 학교생활 중 가장 기억에 남는 일은 무엇입니까?

가급적 직장생활에 도움이 되는 경험을 이야기하는 것이 좋다. 또한 경험만을 간단하게 말하지 말고 그 경험을 통해서 얻을 수 있었던 교훈 등을 예시와 함께 이야기하는 것이 좋으나 너무 상투적인 답변이 되지 않도록 주의해야 한다.

② 성적은 좋은 편이었습니까?

면접관은 이미 서류심사를 통해 지원자의 성적을 알고 있다. 그럼에도 불구하고 이 질문을 하는 것은 지원자가 성적에 대해서 어떻게 인식하느냐를 알고자 하는 것이다. 성적이 나빴던 이유에 대해서 변명하려 하지 말고 담백하게 받아들이고 그것에 대한 개선노력을 했음을 밝히는 것이 적절하다.

③ 학창시절에 시위나 집회 등에 참여한 경험이 있습니까?

기업에서는 노사분규를 기업의 사활이 걸린 중대한 문제로 인식하고 거시적인 차원에서 접근한다. 이러한 기업문화를 제대로 인식하지 못하여 학창시절의 시위나 집회 참여 경험을 사랑스럽게 답변할 경우 감점요인이 되거나 심지어는 탈락할 수 있다는 사실에 주의한다. 시위나 집회에 참가한 경험을 말할 때에는 타당성과 정도에 유의하여 답변해야 한다.

⑷ 지원동기 및 직업의식에 관한 질문

① 왜 우리 회사를 지원했습니까?

이 질문은 어느 회사나 가장 먼저 물어보고 싶은 것으로 지원자들은 기업의 이념, 대표의 경영능력, 재무구조, 복리후생 등 외적인 부분을 설명하는 경우가 많다. 이러한 답변도 적절하지만 지원 회사의 주력 상품에 관한 소비자의 인지도, 경쟁사 제품과의 시장점유율을 비교하면서 입사동기를 설명한다면 상당히 주목 받을 수 있을 것이다.

② 만약 이번 채용에 불합격하면 어떻게 하겠습니까?

불합격할 것을 가정하고 회사에 응시하는 지원자는 거의 없을 것이다. 이는 지원자를 궁지로 몰아넣고 어떻게 대응하는지를 살펴보며 입사 의지를 알아보려고 하는 것이다. 이 질문은 너무 깊이 들어가지 말고 침착하게 답변하는 것이 좋다.

③ 당신이 생각하는 바람직한 사원상은 무엇입니까?

직장인으로서 또는 조직의 일원으로서의 자세를 묻는 질문으로 지원하는 회사에서 어떤 인재상을 요구하는 가를 알아두는 것이 좋으며, 평소에 자신의 생각을 미리 정리해 두어 당황하지 않도록 한다.

④ 직무상의 적성과 보수의 많음 중 어느 것을 택하겠습니까?

이런 질문에서 회사 측에서 원하는 답변은 당연히 직무상의 적성에 비중을 둔다는 것이다. 그러나 적성만을 너무 강조하다 보면 오히려 솔직하지 못하다는 인상을 줄 수 있으므로 어느 한 쪽을 너무 강조하거나 경시하는 태도는 바람직하지 못하다.

⑤ 상사와 의견이 다를 때 어떻게 하겠습니까?

과거와 다르게 최근에는 상사의 명령에 무조건 따르겠다는 수동적인 자세는 바람직하지 않다. 회사에서는 때에 따라 자신이 판단하고 행동할 수 있는 직원을 원하기 때문이다. 그러나 지나치게 자신의 의견만을 고집한다면 이는 팀원 간의 불화를 야기할 수 있으며 팀 체제에 악영향을 미칠 수 있으므로 선호하지 않는다는 것에 유념하여 답해야 한다.

⑥ 근무지가 지방인데 근무가 가능합니까?

근무지가 지방 중에서도 특정 지역은 되고 다른 지역은 안 된다는 답변은 바람직하지 않다. 직장에서는 순환 근무라는 것이 있으므로 처음에 지방에서 근무를 시작했다고 해서 계속 지방에만 있는 것은 아님을 유의하고 답변하도록 한다.

(5) 여가 활용에 관한 질문

취미가 무엇입니까?

기초적인 질문이지만 특별한 취미가 없는 지원자의 경우 대답이 애매할 수밖에 없다. 그래서 가장 많이 대답하게 되는 것이 독서, 영화감상, 혹은 음악감상 등과 같은 흔한 취미를 말하게 되는데 이런 취미는 면접관의 주의를 끌기 어려우며 설사 정말 위와 같은 취미를 가지고 있다하더라도 제대로 답변하기는 힘든 것이 사실이다. 가능하면 독특한 취미를 말하는 것이 좋으며 이제 막 시작한 것이라도 열의를 가지고 있음을 설명할 수 있으면 그것을 취미로 답변하는 것도 좋다.

(6) 지원자를 당황하게 하는 질문

① 성적이 좋지 않은데 이 정도의 성적으로 우리 회사에 입사할 수 있다고 생각합니까?

비록 자신의 성적이 좋지 않더라도 이미 서류심사에 통과하여 면접에 참여하였다면 기업에서는 지원자의 성적보다 성적 이외의 요소, 즉 성격·열정 등을 높이 평가했다는 것이라고 할 수 있다. 그러나 이런 질문을 받게 되면 지원자는 당황할 수 있으나 주눅 들지 말고 침착하게 대처하는 면모를 보인다면 더 좋은 인상을 남길 수 있다.

② 우리 회사 회장님 함자를 알고 있습니까?

회장이나 사장의 이름을 조사하는 것은 면접일을 통고받았을 때 이미 사전 조사되었어야 하는 사항이다. 단답형으로 이름만 말하기보다는 그 기업에 입사를 희망하는 지원자의 입장에서 답변하는 것이 좋다.

③ 당신은 이 회사에 적합하지 않은 것 같군요.

이 질문은 지원자의 입장에서 상당히 곤혹스러울 수밖에 없다. 질문을 듣는 순간 그렇다면 면접은 왜 참가시킨 것인가 하는 생각이 들 수도 있다. 하지만 당황하거나 흥분하지 말고 침착하게 자신의 어떤 면이 회사에 적당하지 않는지 겸손하게 물어보고 지적당한 부분에 대해서 고치겠다는 의지를 보인다면 오히려 자신의 능력을 어필할 수 있는 기회로 사용할 수도 있다.

④ 다시 공부할 계획이 있습니까?

이 질문은 지원자가 합격하여 직장을 다니다가 공부를 더 하기 위해 회사를 그만 두거나 학습에 더 관심을 두어 일에 대한 능률이 저하될 것을 우려하여 묻는 것이다. 이때에는 당연히 학습보다는 일을 강조해야 하며, 업무 수행에 필요한 학습이라면 업무에 지장이 없는 범위에서 야간학교를 다니거나 회사에서 제공하는 연수 프로그램 등을 활용하겠다고 답변하는 것이 적당하다.

⑤ 지원한 분야가 전공한 분야와 다른데 여기 일을 할 수 있겠습니까?

수험생의 입장에서 본다면 지원한 분야와 전공이 다르지만 서류전형과 필기전형에 합격하여 면접을 보게 된 경우라고 할 수 있다. 이는 결국 해당 회사의 채용 방침상 전공에 크게 영향을 받지 않는다는 것이므로 무엇보다 자신이 전공하지는 않았지만 어떤 업무도 적극적으로 임할 수 있다는 자신감과 능동적인 자세를 보여주도록 노력하는 것이 좋다.

면접기출

01 GS리테일

(1) 집단토론면접 안내

GS리테일은 1차 면접에서 집단토론면접을 진행한다. 집단토론면접은 찬성과 반대로 입장이 나뉠 수 있는 하나의 주제에 대하여 찬성의견 2~3가지, 반대의견 2~3가지를 예시로 주고 조별로 토론을 하는 형식이다. 주제는 즉석에서 공개되지만 크게 어렵지는 않은 편이며, 15분 정도의 준비시간이 주어진다. 한 조에 4~6명으로 구성되며, 1인당 약 2~3회의 발언기회가 돌아간다.

(2) 개별역량면접 기출

① GS리테일에 지원한 동기는 무엇입니까?

② 본인 전공과 전혀 관련 없는 분야라고 생각하는데, 회사에 어떻게 도움이 될 것인가?

③ 경영주가 본인을 마음에 들어 하지 않는다면 어떻게 하겠습니까?

④ 본인 휴대폰에 '나만의 냉장고' 앱이 깔려있습니까? 사용하면서 불편하다고 생각한 점은 무엇입니까?

⑤ GS리테일 PB 상품을 3가지 이상 말해 보시오.

⑥ GS리테일 PB 상품에 추가하고 싶은 것이 있다면 말해 보시오.

⑦ 새벽 시간에 취객이 와서 난동을 부린다고 점주에게 전화가 오면 어떻게 대처하겠습니까?

⑧ GS리테일에 입사하기 위해 준비한 것들에 대해 말해 보시오.

⑨ GS25 등 매장 방문 경험에 대해 말해 보시오.

⑩ 경쟁사 대비 GS리테일만의 경쟁력은 무엇이라고 생각합니까?

⑪ 인생에서 가장 소중하다고 생각하는 가치는 무엇입니까?

⑫ 저출산, 고령화, 1인 가구 증가 등 사회변화에 GS리테일이 어떻게 대응해야 할지 말해 보시오.

⑬ 영업에 관심을 갖게 된 계기는 무엇입니까?

⑭ 4F가 무엇인지 설명해 보시오.

⑮ 유통업계 중 굳이 편의점에 지원한 이유는 무엇입니까?

⑯ 장사가 잘 되는 매장과 그렇지 않은 매장의 가장 큰 차이는 무엇이라고 생각하는가?

⑰ 매장 내 품목을 현재보다 더 늘려야 한다고 생각하는가?

⑱ 타사 대비 GS25의 단점을 2가지 정도 말해 보시오.

⑲ 앞으로 GS25가 나아가야 할 방향을 그려 보시오.

⑳ 본인을 뽑아야 하는 이유를 설명해 보시오.

02 GS건설

(1) 역량면접

① 자신의 손해를 감수하면서 다른 사람을 도와주었던 경험을 이야기하시오.

② GS건설에 입사 지원한 이유는 무엇입니까?

③ 기업이 추구하는 것은 무엇이라고 생각합니까?

④ 기업이 가져야 할 덕목에 대해서 이야기해 보시오.

⑤ GS건설이 추구하는 것들 중 부족하다고 느껴지는 부분은 어떤 것이라고 생각합니까?

⑥ 학창시절 어떠한 방법으로 공부하였습니까?

⑦ 졸업은 언제 하였습니까?

⑧ 휴학을 하는 동안 무엇을 하였습니까?

⑨ (여성 지원자에 대한 질문으로) 여성 공학도로서 힘든 점은 무엇입니까?

⑩ GS건설이 대기업이 아닌 중소기업이더라도 지원을 하겠습니까?

⑪ 자신의 단점은 무엇이라고 생각합니까? 그것을 극복해내기 위해 어떤 노력을 할 것입니까?

(2) 실무면접

① 발전소에서 사용하는 쿨링 시스템의 정의, 종류 등을 설명하시오.

② 증류탑에서 압력을 낮출 시 어떻게 되는지, 어떤 문제가 발생하는지 이론을 사용하여 설명하시오.

③ 베르누이방정식의 정의와 실례에 대해 설명하시오.

④ 수격작용과 그 방지책에 대해 설명하시오.

⑤ 열처리의 종류에 대해 설명하시오.

⑥ 열역학의 1, 2법칙에 대해 설명하시오.

⑦ 건설과 플랜트의 차이에 대해 설명하시오.

⑧ 배관을 설계할 때의 설정사항에 대해 자세히 설명하시오.

(3) 토론면접

① 해군기지 건설 찬반토론

② 최저 임금제 인상에 대한 찬반토론

(4) PT면접

① PID제어에 관하여 설명하시오.

② 현재 홈오토메이션의 수준과 향후 10년 이내 변화 가능한 모습 및 우리의 생활에 미치는 영향 등에 대하여 설명하시오.

③ PLC(Programmable Logic Controller)에 대해 설명하시오.

④ Power Transfer(변압기) 용량을 결정하는 주요한 요인과 병렬운전의 조건에 대해 설명하시오.

⑤ 행정도시 이전으로 인한 지역경제개발의 효과 및 부작용에 대해 발표하시오.

⑥ 최근 아파트 사업은 브랜드 사업이라고 할 정도로 건설회사마다 제각기 브랜드를 앞세우며 마케팅을 하고 있는데 브랜드 마케팅이 지니는 한계에 대해 설명하시오.

03 GS칼텍스

① 대규모 정전사태에 대해서 어떻게 생각하는가?

② GS칼텍스가 하고 있는 사업 분야에 대해 알고 있는 것을 말하시오.

③ GS칼텍스에 입사해서 가장 해보고 싶은 일이 무엇인가? (개인적, 업무적인 부분 무관)

④ 최근 유가 상승에 따른 정유사와 정부의 입장을 정리하여 이야기 해보시오.

⑤ 입사 후에 자신이 배치 받은 직무가 마음에 들지 않을 때 어떻게 할 것인가?

⑥ 본인이 가진 장점 중 GS칼텍스에서 일하기에 가장 적합한 특성은 무엇인가?

⑦ 블로그나 SNS의 영향력이 날로 커지고 있는데 이를 이용할 방안이 있는가?

⑧ 자신에 대해서 자랑할 수 있는 것 다섯 가지를 말해보시오.

⑨ (자신이 술을 전혀 하지 못한 다고 가정하고) 회식이 잦다면 어떻게 할 것인가?

⑩ 자신이 면접관이라면 지금 여기 앉아있는 지원자 중 누구를 뽑을 것인가?

⑪ 학교 다닐 때 했던 일 중에 가장 창의적인 일은 무엇인가?

⑫ 비정규직과 정규직 채용에 대해 어떻게 생각하는가?

⑬ 자신은 사무적 또는 활동적 업무 중 어떤 것을 선호하는가?

04 GS에너지

① 지금까지 살아오면서 가장 행복했던 일은 무엇이고 이유는 무엇인가?

② 상사가 불합리한 지시를 한다면 어떻게 행동할 것인가?

③ 공무원과 일을 처리하는데 있어서 예상되는 문제점은 무엇일거 같으며 본인은 어떻게 극복하겠는가?

④ 자기소개서에 쓴 지원동기 부분을 서류랑 한 글자도 다르지 않게 말해보시오.

⑤ GS에너지가 하고 있는 사업 분야에 대해 알고 있는 것을 말하시오.

⑥ GS에너지에 입사해서 가장 해보고 싶은 일이 무엇인가? (개인적, 업무적인 부분 무관)

⑦ 기업의 사회공헌 활동은 필수적이라고 생각하는가?

⑧ 상사와 갈등이 지속적으로 생긴다면 어떻게 대처하겠는가?

⑨ 최신 시사에 대해 준비한 것이 있으면 무엇이든지 말해 보시오.

⑩ 학창시절 가장 좋아했던 과목은 무엇인가? 그리고 그 이유는 무엇인가?

⑪ 본인이 가진 장점 중 GS에너지에서 일하기에 가장 적합한 특성은 무엇인가?

⑫ 자신의 인생에 있어서 최우선 순위 3가지를 말해보시오.

⑬ 같은 부서의 직속 선배가 본인보다 3살 어릴 경우에 어떤 느낌이 들 것 같은가?

⑭ 근무지에 연고가 없어도 장기간 근무가 가능한가?

⑮ 전 현직 대통령 중 좋아하는 사람과 그렇지 않은 사람은 누구이고 이유는 무엇인가?

⑯ 만일 5인 이하의 소규모 사업체를 운영한다면 정규직을 채용할 것인지, 아니면 비정규직을 채용하려고 하는지? 그리고 그 이유는 무엇인가?

⑰ 자신이 생각하였던 것보다 실질적으로는 연봉이 적을 것인데 돈을 포기하면서 입사해야 하는 이유가 무엇인지 말해보시오.

05 GS SHOP

① 자기소개를 해보시오.

② MD 지원이유는 무엇인가?

③ 어떤 물건을 기획하고 싶은가?

④ 인턴으로 일하는 곳에서 무슨 일을 하였는가?

⑤ 최근 읽은 책은 무엇인가?

⑥ 여자친구는 있는가?

⑦ 어떤 직무를 맡고 싶은가?

06 **GS 글로벌**

(1) 인성면접

① 자신의 단점, 10년 후 자신의 모습을 말해보시오.

② 영업직을 두고 법무팀을 지원한 이유가 무엇인가?

(2) PT면접

① GS 글로벌 채권자가 채권을 양도하려 한다면 이 경우 글로벌이 가지고 있는 위험성에 대해 말해보시오.

② 상무가 서명하고 회사에 불이익이 되는 계약을 체결하였다. 대표이사는 이 계약을 거부하려고 한다. 이 경우 법률적 쟁점에 대해 검토해보시오.

③ 당신이 법무팀으로서 검토한 계약이 체결되었다. 영업팀 팀장과 사적으로 이야기 하는 자리에서 단가를 낮추어 세관 신고를 하고 마진을 직접 중국 거래 업체에 보낸다는 이야기를 들었다. 당신은 어떻게 행동할 것인가?

(3) 토론면접

① 광해군은 성군인가, 폭군인가에 대해 토론하시오.

② 논픽션 사극이 옳은가에 대해 토론하시오.

서원각과 함께

꿈의 날개를 펴라

기업체 시리즈

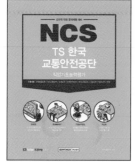

TS한국교통안전공단

국가철도공단

LX한국국토정보공사

국민체육진흥공단